à Julien,

trois merveilleuses années à
   enseigner avec toi,
trois merveilleuses années
à partager soucis, responsabilités,
   projets pédagogiques,
trois merveilleuses années à profiter
de ta vaste expérience, ton
optimisme, ton côté pratique,
trois merveilleuses années à
lire tes évaluations pédagogiques,
purs délices,
   je t'offre ce petit bouquin
afin que virgule, point-virgule
et point te soient ponctuels.

Amitiés
Jean Thibodeau
octobre 2000

L'ART DE
PONCTUER

Du même auteur

Bla-bla-bla, poésie-objet, Éditions § Font, Montréal, 1970 (épuisé).

Le fou de l'empereur des fous du roi se sent mal, bande dessinée, Éditions § Font, 1971 (épuisé).

Les chroniques diasynchroniques, conte philosophique (en collaboration avec Paul Chamberland, Marie-Jeanne « Jano » Saint-Pierre et Gleason Théberge), La Barre du jour, Montréal, 1972 (épuisé).

Une ligne blanche au jambon, pièce de théâtre pour enfants (en collaboration avec Marie-Francine Hébert), Leméac, Montréal, 1974 (épuisé).

Je bande-dessine, recueil de bandes dessinées, La Barre du jour, Montréal, 1975 (épuisé).

Le 25e fils, roman pour jeunes adolescents, Québec Amérique, Montréal, 1984 (épuisé).

La petite menteuse et le ciel, roman pour jeunes adolescents, Québec Amérique, Montréal, 1985.

Les dents de la langue, recueil de dictées (en collaboration avec Stéphane Éthier et Pierre Bernier), Québec Amérique, Montréal, 1993.

Henry Wanton Jones, livre d'art (en collaboration avec H. W. « Jimmy » Jones, Julia Grace Kertland et John Ivor Smith), Galerie Kastel, Montréal, 1994.

H. W. « Jimmy » Jones, monographie, Le Loup de gouttière, Québec, 1996.

Bernard Tanguay

L'ART DE
PONCTUER

Deuxième édition mise à jour et enrichie

ÉDITIONS QUÉBEC AMÉRIQUE

329, rue de la Commune O., 3ᵉ étage, Montréal (Québec) H2Y 2E1 (514) 499-3000

Données de catalogage avant publication (Canada)

Tanguay, Bernard, 1951-
   L'art de ponctuer
   Comprend des réf. bibliogr.
   ISBN 2-7644-0065-9

   1. Français (Langue) – Ponctuation. I. Titre.

PC2450.T36 2000   441'.1   C00-941131-3

Les Éditions Québec Amérique bénéficient du programme de subvention globale du Conseil des Arts du Canada. Elles tiennent également à remercier la SODEC pour son appui financier.

Nous reconnaissons l'aide financière du gouvernement du Canada par l'entremise du Programme d'aide au développement de l'industrie de l'édition (PADIÉ) pour nos activités d'édition.

Dépôt légal : 3ᵉ trimestre 2000
Bibliothèque nationale du Québec
Bibliothèque nationale du Canada

Révision linguistique : Catherine Beaudin
Mise en pages : Édiscript enr.

Table des matières

À gauche, le numéro du paragraphe ; à droite, celui de la page.

Chapitre 3 : Le point-virgule

Chapitre 4 : Les points de suspension

Chapitre 5 : Le deux-points

Chapitre 6 : Les guillemets

Chapitre 8 : Le tiret

Chapitre 9 : Le point d'interrogation

À la mémoire de Mlle Fini Oberweger

Préface

Il y a une manière de passion jubilatoire dans l'intérêt que Bernard Tanguay voue à la langue, à l'usage de la langue. Et c'est avec passion et jubilation qu'il a pris connaissance des données théoriques nouvelles auxquelles se réfèrent, peu ou prou, les diverses réformes de l'enseignement de la langue maternelle intervenues en francophonie au cours des dernières décennies.

Ces données théoriques, si l'on veut bien les prendre au sérieux, conduisent à beaucoup plus qu'un simple changement de terminologie : à une manière différente d'envisager le fonctionnement de la langue. Bernard Tanguay l'a bien compris. Aussi n'a-t-il pas hésité — et de ses mérites, ce n'est pas le moindre, car il y fallait du courage — à reprendre fondamentalement, dans cette perspective, son Art de ponctuer.

Qui dit art, dit règles, à maîtriser pour les appliquer avec intelligence ou les transgresser en connaissance de cause… S'agissant de l'art subtil de la ponctuation, Bernard Tanguay, depuis des années, s'emploie passionnément à en ordonner les règles. Et ce qui, au-delà de la règle, paraît le captiver, c'est le pourquoi de la règle. Ainsi un lecteur attentif trouvera-t-il ici bien plus que la simple juxtaposition de prescriptions dictées par l'usage; il verra apparaître comme en filigrane, derrière la succession des paragraphes, des éléments d'une description de la langue qui intègre les données de la syntaxe et celles de l'énonciation.

Éric GENEVAY, Bertrand LIPP [1]

---

1.   Outre qu'il est l'un des auteurs de *Maîtrise du français* (coédité en 1979 par l'Office romand des éditions et du matériel scolaires, L.E.P. et Nathan), Bertrand Lipp est le collaborateur d'Éric Genevay.

Remerciements

Éric Genevay, Bertrand Lipp… Si je ne craignais de mettre à mal leur amicale humilité, je me ferais un plaisir d'énumérer aussi lentement que possible les mille et une raisons que j'ai de me savoir à jamais leur serviteur. En fait, il m'arrive de croire que je leur dois l'entier de mon progrès. La convaincante élégance de leur intelligence ainsi que l'inappréciable générosité dont ils ont incessamment fait preuve sont au cœur même du travail que j'ai pu abattre. — Le feu de leur extraordinaire grammaire m'a d'abord amené à comprendre qu'il faisait nuit noire dans ma pauvre cervelle; puis, moi qui jusque-là croyais dur comme fer qu'il était midi, je me suis mis à voir, émerveillé, toutes sortes de choses que je ne savais pas qui étaient là, tout près, et je n'ai plus eu froid.

Avant-propos

Cette deuxième édition diffère tant de la première qu'il semble s'agir, en fait, d'un tout nouveau livre.

J'ai déplacé quelques paragraphes. J'en ai amélioré un grand nombre. J'en ai ajouté plus d'une cinquantaine. J'ai numéroté l'ensemble de 1 à 242, ce qui m'a permis de créer un index extrêmement utile. J'ai réduit le nombre des notes et supprimé tous les exercices. J'ai choisi d'intéresser mes semblables à ce qu'est un acte de parole, à ce que sont le thème et le foyer d'information d'une phrase — ce qui fait que bon nombre d'exemples ne sont plus présentés qu'en contexte. J'ai corrigé, bien sûr, certaines étourderies dont je m'étais naguère rendu coupable, et pour ce qui regarde trois ou quatre points de typographie bien précis — que l'on me pardonne ces volte-face —, je me suis enfin rendu à l'avis des auteurs du *Ramat de la typographie* et du *Français au bureau.* Sans compter que j'ai changé d'éditeur et que je n'écris plus ce traité à l'intention des seuls étudiants. Désormais, tout un chacun y trouvera son compte : l'enseignante, l'écrivain, la journaliste, le rédacteur, la traductrice, le correcteur, la secrétaire, etc.

Cela dit, la réforme de l'enseignement de la grammaire que le ministère de l'Éducation du Québec a implantée au secondaire en septembre 1997 nous propose d'étudier la phrase française sous un nouveau jour : ses divers éléments, jusque-là, se distinguaient les uns des autres par leur contenu sémantique ; désormais, le point de vue est essentiellement syntaxique : il y a des constituants obligatoires, des constituants facultatifs… — Quoi qu'il en soit, virguler ses énoncés n'en devient que plus facile ; j'ai donc emboîté le pas avec plaisir, et cela s'est traduit, entre autres effets, par un changement de plus : l'adoption d'une nouvelle terminologie (« complément de phrase », « groupe adjectival complément du nom »…), et ce, alors même que les diverses grammaires que l'on s'empresse maintenant de publier semblent prendre un malin plaisir à ne pas tomber d'accord sur un nombre troublant de points (l'équipe de Suzanne-G. Chartrand a choisi de ne pas adopter, entre autres choses, les participiales, les infinitives ni les adjointes des auteures de *Construire la grammaire*; ces dernières voient des «noms personnels» là où la compétition ne voit que des pronoms, encore et toujours)… Je dois dire, quant à moi, que je considère *Ouvrir la grammaire*, du Suisse Éric Genevay, comme l'ouvrage supérieur; j'en ai donc adopté, à quelques exceptions près, et les termes et la façon de voir les choses. Mais que le lecteur pris de court n'aille surtout pas s'affoler : quelle que soit l'«école» à laquelle il appartienne, il n'aura d'abord, dans *L'art de ponctuer*, qu'à lire l'entrée en matière, puis il consultera, en temps et lieu, l'index susmentionné, en fin d'ouvrage. Il aura le plaisir d'y retrouver aussi bien l'apposition détachée que le groupe nominal complément du nom… Il verra sur-le-champ quel est le numéro du paragraphe qu'il lui faut et se retrouvera, quelques secondes plus tard, au bon endroit. Son intelligence, bien entendu, fera le reste.

Bernard TANGUAY

P.-S. — Un traité comme celui-ci ne peut être qu'imparfait, quelque mal que l'on se soit donné, au fil des ans, à l'écrire. Je serai donc éternellement reconnaissant à quiconque aura la gentillesse de m'en signaler les erreurs, les faiblesses, les oublis…

Entrée en matière

Remarques d'ordre linguistique

1 Le thème et le foyer d'information

Syntaxiquement parlant, il y a quatre types de phrases : interrogatif (*Irez-vous? — Que veux-tu? — Que veux-tu!*), exclamatif (*Que c'est bon! — Quel insolent, celui-là!*), impératif (*Dors. — Qu'il aille se faire pendre ailleurs!*) et déclaratif (*Il va mieux. — Il va mieux? — Il va mieux!*). Éric Genevay écrit que chaque phrase réalise l'un de ces types, « et un seul à la fois, car ils sont exclusifs l'un de l'autre ».

Dans une phrase de type déclaratif, on appelle **thème** ce dont on parle, et <u>foyer d'information</u> (ou « propos ») ce que l'on dit du thème :

« Que fais-tu ?
— Je <u>bois</u>.
— Et que bois-tu ?
— **Je bois** <u>de l'eau</u>.
— Mais pourquoi bois-tu de l'eau ?
— **Je bois de l'eau** <u>parce que j'ai le hoquet</u>. »

Le foyer d'information est repéré grâce au contexte, ne peut pas être détaché par une virgule, et se place, en général[1], à la fin de la phrase[2] :

---

1. Parfois, une tournure comme *c'est… que* (*c'est… qui*) le met en évidence au début, souvent avec une valeur de contraste : « *Tu m'en veux? — C'est à Madeleine que j'en veux.* » (Voir § 51 ; 53, rem.) Parfois aussi, l'information est donnée par l'emploi de la forme négative : « *Tu en as besoin? — Je n'en ai pas besoin.* » Autres situations exceptionnelles (à l'oral, l'intonation — et parfois une légère pause — entre en jeu) : « *Hier, tu as assisté à la générale? — Non. Avant-hier j'ai assisté à la générale. Hier, c'était la première.* » (Voir § 51.) — « *Et quand aurai-je droit au récit de ton week-end? — Je te raconterai **lundi** tout ce qui me sera arrivé samedi et dimanche.* » (Voir § 53, rem.)

2. Aussi, ce qu'il nous apprend doit avoir du « poids ». Si un article de journal commence par *Hier, à Montréal, un Hells Angel **a été mis sous les***

«Depuis quand vit-il ici ?
— **Il vit ici** <u>depuis mai.</u>»
(Et non pas *Il vit ici, depuis mai,* ni *Depuis mai, il vit ici,* énoncés
répondant à *Depuis mai, où vit-il ?*)

Cela dit, une phrase peut contenir plusieurs thèmes :

Hier [1er], **au bureau** [2e], **deux traducteurs** [3e] <u>se sont battus.</u>

Si l'on en rejette un à la fin, une virgule le met en évidence :

«Ce soir, qu'est-ce que tu fais ?
— Je <u>dessine</u>, **ce soir.**»

Quand on hésite à ponctuer, il suffit souvent d'imaginer la
question à laquelle on «répond» :

Il a menti <u>pour qu'elle s'intéresse à lui.</u>
(*Pourquoi a-t-il menti ?*)

Il <u>a menti</u>, **pour qu'elle s'intéresse à lui.**
(*Pour qu'elle s'intéresse à lui, qu'a-t-il fait ?*)

Dans le chapitre sur la virgule, de nombreux paragraphes
feront appel à ces connaissances.

---

2 L'acte de parole

La production de l'énoncé le plus simple vient de l'intention
que l'émetteur a de réaliser un **acte de parole**. Par exemple, s'il
écrit *Hier, la soupe était infecte,* il réalise celui que l'on appelle
«assertion» et qui consiste à donner un renseignement ou à for-
muler un jugement.

---

les verrous parce qu'il avait importé 250 kg de cocaïne, le foyer d'information ne peut pas être limité à *a été mis sous les verrous.* Qu'un Hells Angel
ait été mis sous les verrous n'est pas une nouvelle digne de s'y arrêter. —
Cela dit, le principal juge en la matière étant l'émetteur, certaines virgules
risquent parfois de disparaître — pour le meilleur ou pour le pire. C'est
ainsi que l'on put lire, le 30 septembre 1999, en première page d'un grand
quotidien : «Le comédien Jean-Louis Millette est mort hier à 15 heures
d'une crise cardiaque à l'Hôpital Saint-Luc.»

Pour établir la valeur d'un énoncé en tant qu'acte de parole, il faut prendre en considération la situation de communication. Qui parle ? À qui ? Dans quelles circonstances ?... *Tu auras de mes nouvelles,* selon le contexte, sera donc menace ou promesse.

Les actes de parole sont beaucoup trop nombreux pour que l'on en dresse une liste exhaustive. On compte parmi leurs rangs l'hypothèse, la conclusion, la justification, le blâme, la concession, la réfutation, l'interdiction, etc., et s'il est vrai que certains énoncés ne réalisent qu'un seul de ces actes (*Je dors si mal que cela l'inquiète... — Mardi, ce sera différent !*), ceux qui suivent en réalisent deux : *Jean se rendra là-bas, ou Paul. — Son père, beau joueur, se taisait. — Abattue, Lise sanglotait. — Édith, qui avait bu, titubait. — Vu que j'ai le temps, je vous aiderai. — Ce ne sera pas grave, si elle échoue. — Il avait un grand sens de l'humour, si bien que tout lui souriait...*

Dès que l'on s'aperçoit que tel énoncé répond à *une* question, on comprend qu'il réalise *un* acte de parole et s'écrit... d'un trait :

« Pourquoi as-tu ri ?
— **J'ai ri parce que j'étais nerveux.** »

À l'inverse, si tel autre fait plus que répondre à une question, c'est que l'on a affaire à au moins *deux* actes de parole. Entre eux, une virgule :

« Quelle fut ta réaction ?
— **J'ai ri,** parce que j'étais nerveux. »
(= J'ai ri, [j'ai ri] parce que j'étais nerveux.)
(= J'ai ri. Parce que j'étais nerveux.)

Dans *Elles te trouvent bête et ennuyeux et maladroit,* dès que l'on perçoit trois assertions en une, on comprend qu'il est également possible d'écrire *Elles te trouvent bête et ennuyeux, et maladroit,* ou *Elles te trouvent bête, et ennuyeux, et maladroit.*

Dans le chapitre sur la virgule, de nombreux paragraphes feront appel à ces connaissances.

3 Les espaces sécable, insécable et fine [1]

Après un mot, un signe…, si l'on met une espace **sécable** (ou **justifiante**), ce qui suit pourrait se voir rejeter à la ligne suivante. En revanche, si c'est une espace **insécable** que l'on met, ce qui suit ne pourra qu'être sur la même ligne : il y a, dans *8 h 15,* deux espaces insécables ; dans *J.-M. G. Le Clézio,* trois. — L'espace **fine**, quant à elle, est une petite espace insécable. Pour l'instant, seuls les logiciels d'éditique la mettent à notre disposition.

---

1.   En matière de typographie, le mot *espace* est féminin.

Chapitre 1
La virgule

N. B. — Les termes marqués d'un astérisque sont définis dans les paragraphes 1 à 3.

4 Entre sujet et prédicat

Line travaille.
Que tu m'aimes ne change rien à l'affaire.
L'homme qui l'a poignardée n'a pas fait un seul jour de prison.

Si sujet et prédicat[1] se suivent, aucune virgule ne les sépare — sauf s'il y a risque de confusion (voir § 64).

Remarque

Line, travaille (un nom en apostrophe suivi d'un impératif) signifie tout autre chose que *Line travaille.*

5 Avant un verbe à sujets juxtaposés

Jimi Hendrix, Eric Clapton, **B. B. King, étaient** ses musiciens préférés.

L'usage est hésitant, mais avant un verbe à sujets juxtaposés, on met habituellement une virgule… qui disparaît s'il y a gradation ou résumé :

Quelques mots, un geste de la main, **un regard m'eût suffi.**
Les tableaux, les sculptures, les céramiques, **tout était** superbe.

Remarque

La même virgule se retrouve à la fin de ces autres juxtapositions : *Le moindre élève incurieux, paresseux, insolent, risque*

---

1. Le groupe verbal a toujours le même rôle syntaxique : prédicat.

fort de déteindre sur les autres. — Les gens honteux de ce qu'ils ont dit, de ce qu'ils ont fait, ne devraient jamais refaire surface… — À l'époque, les chemises à pois, à carreaux, à rayures, faisaient fureur.

6 Entre unités syntaxiques de même rôle ou de même niveau

Jean, Paul et Stéphanie sont en Belgique.
Hier, à midi, il a plu.
Marc vendra **ça, ça** et ça.
Je le sentais **nerveux, maladroit…**
Odette dit **que tu riais, que tu chantais, que tu étais heureux.**
Il ferma les yeux, il fit un vœu, il souffla sur les bougies.
Mon père aime ton courage, ma mère ton sens de l'humour.

On met une virgule quand on juxtapose des unités syntaxiques de même rôle ou de même niveau et que rien ne nous amène à préférer un point, un point-virgule ou un deux-points.

Remarque

Chaque signe a son rythme, son parfum… : *Il ferma les yeux. Il fit un vœu. Il souffla sur les bougies. — Mon père aime ton courage ; ma mère, ton sens de l'humour.* (Voir § 89.)

7 Entre verbe et complément du verbe

Tu as vu **Gabriel** ?
Nous comptons **sur elle.**
Il va à **Sainte-Thérèse.**
Maman est **dans ta chambre.**
Je sens **que tu hésites.**
Elle m'a demandé si **Gaston Miron était né en 1928.**
Ce gangster se doutait **qu'on allait tenter de l'assassiner.**

Si un verbe et son complément se suivent, aucune virgule ne les sépare.

Tu as vu, Gabriel? (un sujet, son prédicat, un nom en apostrophe) signifie tout autre chose que *Tu as vu Gabriel?*

8 Après un complément indirect en début de phrase

« Et que se passe-t-il donc, en 1976?
— **À Robert Bourassa** succède René Lévesque. »

« As-tu pu te confier?
— **À mon fils** je n'ai rien dit, mais... »

L'usage est hésitant, mais en début de phrase (surtout s'il y a inversion du sujet), on ne met pas de virgule après un complément indirect[1] — sauf si cette mise en évidence d'un thème* reprend quelque élément présent dans l'énoncé précédent :

« Que donneras-tu à Normand?
— **À Normand,** je donnerai des cigares cubains. »

... ou si la place normale de ce complément est occupée, plus loin, par un pronom ou un mot personnel[2] (voir § 49) :

À **moi,** cela **me** paraît évident.

1. Si deux (ou plus de deux) compléments sont juxtaposés, la virgule est forcée : *À mes amis, à mes alliés, je jure que je me vengerai.*

2. Dans *À moi, cela me paraît évident,* le complément indirect est *me. À moi,* qui l'annonce et ne joue aucun rôle syntaxique distinct, résulte d'une opération que l'on appelle « détachement » et qui permet de donner à un groupe le statut de thème.

---

1. Ce complément indirect des grammaires québécoises, Éric Genevay l'appelle « groupe prépositionnel complément du verbe ».

2. *Me, te, nous* ou *vous,* traditionnellement classés parmi les pronoms personnels.

3. Certains écrivent *À elle, je dis tout,* pour éviter le télescopage d'un pronom et d'un mot personnel, ou *À un film qui ennuie,* **succède** *un chef-d'œuvre,* pour éviter celui de deux verbes.

9 Avec un modificateur du groupe verbal

Vos gardes du corps dorment **trop.**
Nous ferons ces tartes **en silence.**
Pour dérider les clients, il leur parlait **en zézayant.**

« Ce fut un cauchemar effrayant », répondit-elle **en roulant ses r.**

« Elle joue mal ?
— Elle joue **comme un pied.** »
(= Elle joue comme un pied [joue].)

Que le modificateur du groupe verbal soit un adverbe, un groupe prépositionnel, une participiale au gérondif ou toute autre subordonnée, aucune virgule ne le détache — sauf s'il est mis en évidence en début de phrase, parfois entre sujet et verbe :

Comme un idiot, j'attendais un train qui n'existait pas.
(= Idiotement, j'attendais un train qui n'existait pas.)

Isabelle, **lentement,** se retourna.

… ou si l'on veut faire sentir, en fin d'énoncé, un acte de parole* additionnel :

« Et qu'a dit le témoin ?
— Il a dit ce qu'il savait, **avec émotion.** »
(= Il a dit ce qu'il savait, [il l'a dit] avec émotion.)
(= Il a dit ce qu'il savait. Avec émotion.)

Remarques

1. En début de phrase, le modificateur du groupe verbal n'est suivi d'aucune virgule s'il y a inversion du sujet : *Ainsi parlait Zarathoustra.*

2. On écrit *Bobby Kennedy est mort* **comme son frère,** *victime d'un assassinat politique,* mais *Tôt ou tard, nous mourrons tous,* **comme eux.** En effet, *Bobby Kennedy est mort comme son frère* donne une information, et une seule, tandis que *Nous mourrons tous, comme eux,* en donne deux.

3. **Pieds nus,** *Catherine marchait.* — *Catherine,* **pieds nus,** *marchait.* — *Catherine marchait pieds nus.* — *Catherine marchait,* **pieds nus.** Dans chacun de ces exemples, **pieds nus** fonctionne comme un groupe adverbial ou prépositionnel, et agit comme modificateur du groupe verbal [1].

4. Pour ce qui regarde les autres emplois de la participiale au gérondif, voir § 48.

10 Avec *comme, ainsi que, autant que...,* entre deux sujets

L'un comme l'autre étudient les chauves-souris. (*Qu'étudient-ils ?*)
Son mari ainsi que son frère ont eu la grippe de Hong Kong.
Son mari, **ainsi que son frère,** a eu la grippe de Hong Kong.
Ses qualités, **autant que ses défauts,** étaient excessives.

Quand un verbe est précédé de sujets entre lesquels on met *comme, ainsi que, autant que...,* de deux choses l'une : ou l'énoncé donne une seule information et s'écrit d'un trait ; ou il en donne deux, dont une est accessoire — et détachée.

Remarques

1. Certains y voient la différence entre coordination et comparaison.

2. Pour ce qui regarde *de même que,* il est écrit dans le *Dictionnaire des difficultés du français d'aujourd'hui* : « Le groupe nominal introduit par *de même que* est toujours encadré par des virgules. »

---

1. Dans *Catherine était pieds nus,* en revanche, on a un attribut.

11 Avant *et, ou, ni* (mis entre deux unités de même rôle)

Gilles Vigneault et Félix Leclerc ont écrit d'inoubliables textes.
Son professeur est calme et d'une grande gentillesse.
Prouve ton innocence et que le coupable est cet homme.
On abattra le chêne ou le noyer.
Nous rencontrerons la mère d'Agnès ou le père de Paul.
Cela se fera sans tambour ni trompette.
Je n'ai pas le goût ni le temps de me déguiser.

On ne met pas de virgule avant *et, ou, ni,* quand ils unissent deux unités syntaxiques de même rôle — à moins d'une situation exceptionnelle, par exemple si la seconde est liée à un élément qui lui est propre :

Sur la couverture du premier *Playboy,* Marilyn Monroe avait les cheveux longs, et blonds comme de l'or.

… ou s'il faut éviter une ambiguïté, une confusion :

J'y ai vu les fiancés de mes deux jeunes sœurs, et d'anciennes collègues [1].
Je n'aime ni les œuvres de Belli, ni celles de Bellini.

… ou si l'on veut faire sentir la présence de deux actes de parole * distincts (voir le paragraphe suivant) :

« Je doute fort de sa compétence…
— Tu as tort. Il n'est pas incompétent, ni malhonnête. »

12 Avant *et, ou, ni* (mis entre deux phrases)

Sa face, ronde, pâle, était une pleine lune, et l'acné y creusait ses cirques.
Il m'a appelée lundi, et mardi, moi, je suis partie.
Elles adorent lire, et dessiner leur déplaît.

---

1. Ici, *d'anciennes collègues* est un second complément du verbe, et non un second complément du nom *fiancés.*

Suis mes conseils à la lettre, **et tu réussiras**.

J'ai 25 000 $ à dépenser pour une cave à vins, **et tout de suite**.

Jean se rendra là-bas, **ou Paul**.

Une collègue en a perdu l'appétit, **ou presque**.

Ce lac n'est pas profond, **ni cette rivière**.

Avant *et, ou, ni,* quand ces conjonctions coordonnent deux phrases — surtout si les sujets sont différents, et même s'il y a ellipse —, on met une virgule dès lors que l'on veut faire sentir la présence de deux actes de parole * distincts.

Remarques

1. Il arrive évidemment que l'on puisse se permettre d'écrire l'énoncé d'un trait : *L'une parle et l'autre écoute.*

2. Dans *Suis mes conseils à la lettre, et tu réussiras,* la virgule marque aussi une succession dans le temps.

3. Pour ce qui regarde *et* suivi d'un complément de phrase, voir § 54.

13 Avant *et* et *ou* (pour marquer une opposition)

Tu souffres le martyre, **et tu ne prends aucune morphine ! ?**

Il achètera les exemplaires restants de son roman, **ou on les pilonnera**.

On met une virgule avant *et* et *ou* dès lors qu'ils marquent une opposition entre deux phrases (voir § 56). *Ou* signifie alors «sinon» ; *et,* «en revanche».

Remarques

1. Il arrive que l'opposition soit marquée par *ou sinon, ou bien, ou plutôt…* : *Dis-moi tout, ou sinon je t'étripe ! — On rentre dans le rang, ou bien on se rebelle. — J'aime, ou plutôt j'adore cette industrie.*

2. Il arrive que l'opposition soit marquée par deux *ou* : *Avec lui, tout est toujours ou blanc ou noir. — De deux choses l'une : ou tu me dis ce que tu sais, ou tu disparais de ma vue !*

3. Il arrive que l'opposition soit marquée par *et non* : *Je con-damne les gestes qu'elle pose, et non sa fortune.* — À ne pas confondre avec *Cela est nul et non avenu.*

14 Avec deux *et*, deux *ou*, deux *ni*

Il avala **et** la lame de rasoir **et** la boule de billard.
Je citais **ou** Nelligan **ou** Claude Gauvreau.
Elle conseille à ses élèves des romans **ou** courts **ou** peu coûteux.
Ni son allié **ni** son ennemi ne le comprennent.
On n'oubliera jamais **ni** Hiroshima **ni** Nagasaki.

S'ils ne coordonnent que deux groupes de même rôle, on ne met habituellement pas de virgule entre deux *et,* deux *ou,* deux *ni.* En revanche, s'ils en coordonnent trois, on a le choix entre ne mettre aucune virgule :

Elles te trouvent bête **et** ennuyeux **et** maladroit.
Que Lucie **ou** Lise **ou** Pierre se soient soûlés, cela ne vous regarde pas.

… ou en mettre une chaque fois que l'on veut faire sentir un acte de parole* additionnel :

J'en parlerai à ses frères et sœurs, **et** à ses amis.
Guy Lafleur était un joueur habile, **et** intelligent, **et** généreux.
Il courtisera sûrement la belle Julie, **ou** Elsa, **ou** cette pauvre Manon.
Elle ne se rappelle jamais ses échecs, **ni** ses torts, **ni** ses promesses d'ivrogne.

15 Avec trois *et*, trois *ou*, trois *ni*

Elles te trouvent bête **et** ennuyeux, **et** maladroit, **et** laid.
Vous irez **et** jeudi, **et** vendredi, **et** samedi.
À l'époque, nous travaillions tous, **et** toi, **et** moi, **et** elle.
J'achèterai un best-seller, **ou** quelques revues, **ou** les journaux du matin, **ou**…
Je n'ai **ni** argent **ni** cartes de crédit, **ni** chèques.

Avec trois *et,* trois *ou,* trois *ni,* on met une virgule chaque fois que l'on veut faire sentir un acte de parole * additionnel. — En début d'énoncé, on met habituellement une virgule avant les deuxième et troisième conjonctions :

> **Et** les mathématiques, **et** la chimie, **et** la physique, me puaient au nez.
>
> **Ni** toi, **ni** elle, **ni** moi, n'avons jamais couru si vite.

Remarque

En pareilles circonstances, à vrai dire, il n'y a qu'avec *et* que l'on se permette parfois de ne mettre aucune virgule : *Elles te trouvent bête et ennuyeux et maladroit et laid.*

16 Avec *soit… soit*

> « Quand papa se reposera-t-il ?
> — Papa se reposera **soit** demain **soit** samedi. »
>
> « Que fera papa ?
> — Papa se reposera, **soit** demain **soit** samedi. »
>
> « Que buvais-tu ?
> — Je buvais **soit** de l'eau **soit** du scotch. »
>
> **Soit** Marianne **soit** Stéphanie sera élue présidente.

L'usage est on ne peut plus hésitant, mais quand deux groupes de même rôle sont coordonnés par *soit… soit,* il semble raisonnable de ne pas mettre de virgule entre eux — à moins que le premier ne soit trop long. En fait, on n'en mettra une à tout coup que si ce sont deux phrases de même niveau que l'on cherche à ainsi opposer :

> **Soit** nous irons voir *Starmania,* **soit** nous jouerons au poker.

Remarques

1. *Le bon usage* et le *Nouveau dictionnaire des difficultés du français moderne* condamnent la construction du dernier

exemple, lui préférant *Ou (bien) nous irons voir* Starmania, *ou (bien) nous jouerons au poker.*

2. Avec trois *soit,* tout dépend si le premier donne la première de trois informations, ou la deuxième de quatre : *Il se rendra soit à Zurich, soit à Londres, soit à New York.* — *À l'époque, nous travaillions tous, soit au centre d'aide, soit à la cafétéria, soit à la bibliothèque.*

3. Avec *soit... ou,* personne ne met jamais de virgule avant *ou* : *Papa se reposera soit demain ou samedi.*

4. Entre deux *soit que,* on met une virgule : *Il ne sortait jamais, soit que son travail l'accaparât, soit que la fatigue l'abattît.*

17 Avec *tantôt... tantôt*

« Quand prendras-tu congé ?
— Tantôt le lundi tantôt le mercredi. »

« Que ferez-vous ?
— Nous marcherons, tantôt vite tantôt lentement. »

L'usage est hésitant, mais quand deux groupes de même rôle sont coordonnés par *tantôt... tantôt,* il semble raisonnable de ne pas mettre de virgule entre eux — à moins que le premier ne soit trop long. En fait, on n'en mettra une à tout coup que si ce sont deux phrases de même niveau que l'on cherche à ainsi opposer :

Tantôt elle buvait immodérément, tantôt elle était sobre.

Remarque

Avec trois *tantôt,* tout dépend si le premier donne la première de trois informations, ou la deuxième de quatre : *Il se rendra tantôt à Zurich, tantôt à Londres, tantôt à New York.* — *À l'époque, nous travaillions tous, tantôt au centre d'aide, tantôt à la cafétéria, tantôt à la bibliothèque.*

18 Avec *et ce*

J'arrête de fumer, **et ce**, dès demain.

Deux virgules détachent *et ce.*

19 Avec *etc.*

Jadis, on admirait Béliveau, Harvey, Geoffrion, **etc.**

On met une virgule avant *etc.* Et si l'énoncé se poursuit, on en met également une après :

J'avais apporté du vin, du pain, des pâtés, **etc.**, et mon hôte était ravi.

20 Avant *mais*

Bernard l'attendait à Dorval, **mais** elle avait raté son avion.

Toute coordination, au fond, implique deux phrases. *Mais,* par surcroît, les oppose (peu ou prou) : on met, avant lui, une virgule. — Sauf que toute coordination permet aussi l'ellipse d'éléments communs. Dans le cas de *mais,* plus l'ellipse est importante (et sans heurt), plus il semble que l'on hésite à mettre la virgule (voir § 27, rem. 2 ; 57, rem. 2; 58, rem. 2) :

Je conduirai la voiture **lentement mais sûrement**.
(= Je conduirai la voiture lentement mais [je la conduirai] sûrement.)

Jean-Pierre, **avare mais généreux**, me prêta 1000 $.
(= Jean-Pierre, [qui est] avare mais [qui est] généreux, me prêta 1000 $.)

Alain est **paresseux mais doux** comme un agneau.
Maruyama est un **petit mais puissant** golfeur.

Dans *Bernard l'attendait à Dorval, mais elle avait raté son avion,* la virgule fait d'une pierre deux coups : elle indique que l'on vient de répondre à une question (*Que faisait Bernard?*) et elle annonce un acte de parole* additionnel.

21 Avec *non... mais, non pas... mais, non seulement... mais*

Patrice a fait **non** une crise de nerfs **mais** une colère toute légitime.

Barbara est **non pas** une collègue **mais** une amie.

J'achèterai **non seulement** des clous **mais** tout ce qu'il me faut.

L'usage est hésitant, mais il semble raisonnable de ne pas mettre de virgule quand *non... mais, non pas... mais, non seulement... mais,* se glissent entre un verbe et ses deux compléments, entre un verbe et deux attributs...

Remarques

1. Dans le cas de *non seulement... mais,* si l'on a plutôt affaire à deux phrases, il faut ponctuer différemment : *Ces soi-disant experts, **non seulement** je me méfie d'eux, **mais** il m'arrive de souhaiter qu'ils disparaissent.*

2. On met une virgule dans *Elle n'est **pas seulement** ma voisine, **mais** aussi et surtout une merveilleuse confidente.* On a alors affaire à deux actes de parole* nettement distincts.

22 Après *mais*

Mais, vous êtes fou!

La langue parlée familière faisant de *mais* une interjection, il arrive que l'on détache ce mot (surtout si l'on rapporte des paroles dans le système du discours direct) pour exprimer un émoi, un scrupule, une hésitation, un temps de réflexion...

1. *Ah mais*, *eh mais*, *non mais*, sont des locutions interjectives (voir § 37).

2. Pour ce qui regarde *mais* — en tant que conjonction — suivi d'un complément de phrase, voir § 54.

3. *Mais* — en tant que conjonction — précède parfois certains éléments que l'on doit détacher : un mot en apostrophe, une incidente, une incise… : *Louise réussira, mais,* **semble-t-il***, ce ne sera pas de tout repos.*

23 Avant *car*

Elles ne l'aiment pas, **car** son nez est trop long.

« Pars-tu toujours pour l'Italie ?
— Non, **car** je n'ai plus de sous. »

On met une virgule avant *car.*

1. Dans *Elles* **ne l'aiment pas***, car son nez est trop long*, la virgule fait d'une pierre deux coups : elle indique que l'on vient de répondre à une question (*L'aiment-elles ?*) et elle annonce un acte de parole* additionnel.

2. À *car* il faut préférer le subordonnant *parce que* dès lors qu'il s'agit de présenter un foyer d'information* : « *Pourquoi cet enfant pleure-t-il ? — Il pleure* **parce qu'il est tombé***.* »

3. Pour ce qui regarde *car* suivi d'un complément de phrase, voir § 54.

24 Après *or*

Tous les hommes sont mortels, **or** Socrate est un homme, donc Socrate est mortel.

Elle brûlait de parler. **Or** Yves, son colocataire, dormait à poings fermés.

Tu veux que je t'aide. **Or** sans café, le matin, je ne vaux rien.

L'usage est hésitant, mais un souci de clarté fait que l'on ne met habituellement une virgule après *or* que si ce coordonnant est suivi d'un complément de phrase [1] non essentiel à l'énoncé :

Il fallait que tous y soient. **Or,** ce samedi matin là, c'était impossible.

---

25 Avant *c'est-à-dire, autrement dit…*

Cet homme est l'un des rescapés, **c'est-à-dire** un miracle ambulant.
Je dois beaucoup à cette femme, **c'est-à-dire** que je lui dois tout.
Le patron ne me salue plus, **autrement dit** je n'en ai plus pour longtemps.

On met une virgule avant *c'est-à-dire, autrement dit…*

Remarque

Il arrive qu'*autrement dit* ou *en d'autres mots* soient en début de phrase. Ils sont alors suivis d'une virgule : *Le patron ne me salue plus. En d'autres mots, je n'en ai plus pour longtemps.*

---

26 Avec *plus… plus, moins… meilleur, tel… tel…*

Plus on est de fous, **plus** on rit.
Plus il parle, **moins** il me plaît.
Moins nous nous hâterons, **meilleur** sera le résultat.
Tel père, **tel** fils.

On met une virgule entre deux phrases mises en parallèle par *plus… plus, moins… meilleur, tel… tel…*

---

1. Ce complément est ici ce que la grammaire traditionnelle appelait « complément circonstanciel ».

27 Après *donc, puis, ensuite, sinon, autrement...*

Descartes est celui qui a écrit : « Je pense, **donc** je suis. »
Il a tordu le cou de cette pauvre poule, **puis** il l'a plumée.
Il faut que j'accepte, **sinon** je ne me le pardonnerai jamais.

Habituellement, après *donc, puis, ensuite, sinon...,* on ne met une virgule que s'ils s'adossent à signe plus fort qu'elle (point, parenthèse ouvrante...) :

Elle a prié. **Ensuite,** elle s'est couchée.
Réponds-moi. **Sinon,** je m'en vais.
Réponds-moi. **Autrement,** je m'en vais.

Remarques

1. Attention au *donc* explétif, qui ne sert qu'à renforcer l'expression : *Va-t'en donc, Charles ! — Écoute-moi donc, quand je te parle.* Il peut être suivi d'un mot en apostrophe, d'un thème* en fin de phrase, etc.

2. De même que l'on écrit *Jean-Pierre, avare mais généreux, me prêta 1000 $* (voir § 20) et *Jean-Pierre, généreux quoique avare, me prêta 1000 $* (voir § 58, rem. 2), on écrit *Son attitude, froide sinon hostile, m'exaspérait.* On a affaire à une forte ellipse, et deux virgules sont déjà dans les parages immédiats.

3. Deux virgules entrent en jeu dans des énoncés tels que *Cette philosophe était, sinon ma meilleure amie, du moins une femme que j'adorais.*

4. Pour ce qui regarde *ou sinon,* voir § 13, rem. 1.

28 Avec *par exemple, entre autres*

Il est allé partout. **Par exemple,** à Tombouctou.
Il est allé partout (à Tombouctou, **par exemple**), et il parle six langues.
Elle a invité plusieurs amis (Agathe et Bill, **entre autres**).
Il est allé partout — à Tombouctou, **par exemple** —, et il parle six langues.

On met une virgule entre *par exemple, entre autres*, et l'élément qu'ils accompagnent — sauf s'il y en a déjà une avant :

> Il est allé partout, **par exemple** à Tombouctou.
> Elle a invité plusieurs amis, **entre autres** Agathe et Bill.
> Il est allé partout, à Tombouctou **par exemple**, et il parle six langues.

Remarque

Deux virgules détachent *par exemple* s'il se glisse entre sujet et verbe : *Ce cheval,* **par exemple,** *vient de gagner le Preakness.*

29 Avec un adverbe organisateur

> **Deuxièmement,** Mahomet eut cette vision vers l'an 610.
> **D'abord,** il me faut vous mettre en garde.
> Paul, **en revanche,** était la patience incarnée.
> Une telle guerre, **par contre,** ferait un grand nombre de morts.

L'adverbe appelé « organisateur » ne joue pas de rôle syntaxique au sein de la phrase ; il marque l'ordonnancement des idées, les articulations d'une argumentation, le passage du temps... Un souci de clarté fait qu'on le détache habituellement par une ou deux virgules quand il est en début de phrase ou casse trop nettement le fil du discours (par exemple, entre sujet et verbe). — Dans le doute, on est donc devant une alternative :

> Ces gens-là ont, **certes,** quelques réticences.
> Ces gens-là ont certes quelques réticences.

> Marie était, **en effet,** la seule responsable.
> Marie était en effet la seule responsable.

Remarques

1. En début de phrase, quand ils précèdent une inversion du sujet, *ainsi, aussi, aussi bien, encore, à plus forte raison, à peine* et

du moins ne sont pas détachés : *La nudiste s'était tue. Aussi avions-nous tous conclu qu'elle n'avait plus rien à dire.*

2. En fin de phrase, détacher l'adverbe organisateur revient à mettre en lumière le foyer d'information * : *Ils **ont soif,** en effet. — Il **me fait honte,** certes.*

---

30 Avec un adverbe modalisateur

Évidemment, elle considérait le cubisme comme un bluff.
Hitler, **apparemment,** aimait l'aquarelle.
L'armée d'occupation, **heureusement,** ne détruisit pas le Louvre.
C'est quelqu'un qui, **au fond,** ne s'intéresse pas aux autres.

L'adverbe appelé « modalisateur » doit être analysé hors des groupes syntaxiques de la phrase proprement dite ; grâce à lui, comme l'écrit Éric Genevay, l'émetteur exprime simplement « son adhésion à ce qu'il dit, la plus ou moins grande prise à son compte de l'information qu'il donne, sa réaction affective, son jugement personnel ». Un souci de clarté fait qu'on le détache habituellement par une ou deux virgules quand il est en début de phrase ou casse trop nettement le fil du discours (par exemple, entre sujet et verbe). — Dans le doute, on est donc devant une alternative :

Anne sera, **fort probablement,** tentée d'accepter.
Anne sera fort probablement tentée d'accepter.

Il était, **bien sûr,** trop tard.
Il était bien sûr trop tard.

Remarques

1. On traite de la même façon les autres marques de modalisation que sont les expressions comme *Dieu merci, par bonheur, à ma grande surprise, à vrai dire, en vérité, à la vérité, selon toute vraisemblance…*

2. En début de phrase, quand ils précèdent une inversion du sujet, *peut-être* et *sans doute* ne sont pas détachés : *Le barman n'est pas encore arrivé. **Peut-être** a-t-il eu une crevaison.*

3. En fin de phrase, détacher l'adverbe modalisateur revient à mettre en lumière le foyer d'information * : *Il **a** hésité, **étrangement.***

31 *Que* suivi d'un adverbe organisateur ou modalisateur commençant par une voyelle

Elle pense qu'**en revanche,** les années trente ont été fascinantes.
Je crois qu'**évidemment,** tout dépend du prix.

Si un adverbe organisateur ou modalisateur commençant par une voyelle est placé immédiatement après le subordonnant non lié *que* [1], il y a souvent élision, et la virgule qui normalement suit l'adverbe en début de phrase s'efface parfois :

Elle pense qu'**en revanche** les années trente ont été fascinantes.
Je crois qu'**évidemment** tout dépend du prix.

Remarque

Bien sûr, s'il n'y a pas élision, deux virgules s'imposent : *Je crois que, **au fond,** tu as raison.*

32 Avec une incise ou une incidente

— Monsieur est servi, **annonça la servante.**
— Je crains, **dit-elle,** que tu ne me croies pas.
— Il est plus de minuit, **répéta-t-il.** Tu devrais rentrer.
— Pourvu que ça dure…, **murmura Stéphanie.**

Une ou deux virgules détachent les incises [2]… et les incidentes [3] :

---

1. Ce *que* est dit « non lié » parce qu'il ne fait que marquer l'enchâssement d'une subordonnée ; un subordonnant « lié » joue ce même rôle, mais aussi celui de remplacer l'un des constituants de la phrase enchâssée (comme le pronom relatif dans *Voici les singes **que** j'ai achetés*).
2. L'incise est une phrase insérée indiquant que l'on rapporte les paroles ou les pensées de quelqu'un (voir § 130, 132).
3. L'incidente est une phrase insérée permettant à l'émetteur une intervention personnelle (voir § 189, 190, 202).

Bob est sexy, mais, **si je puis dire,** il m'ennuie mortellement.
Votre petit-fils, **semble-t-il,** adore l'électronique.
Mon professeur le plus sévère, **je l'avoue,** m'a beaucoup appris.

Remarques

1. Pour ce qui regarde les incidentes et le rapport de force entre la virgule et les points d'interrogation ou d'exclamation (*J'étais allé, t'en souviens-tu? chez Bruno, à La Tuque — Elle était alors, je me le rappelle! à Tadoussac*), voir § 189-190, 202.

2. Pour ce qui regarde les incises et le même rapport de force quand les paroles rapportées sont guillemetées, voir § 130, 132. Quand les paroles rapportées sont annoncées par des tirets, la tradition veut que l'on écrive — *Sors le chien! jappa papa...* et — *T'ennuieras-tu? demanda-t-elle.* André Goosse, dans *Le bon usage,* écrit toutefois : «Selon une tendance récente, certains auteurs (ou imprimeurs) doublent d'une virgule ce point d'exclamation et ce point d'interrogation.» Cela donne, le cas échéant : — *Sors le chien!, jappa papa...* et — *T'ennuieras-tu?, demanda-t-elle.*

---

33 Avec un mot en apostrophe

À Auschwitz, **Maxime,** 1 500 000 personnes moururent.
Ma chérie, reste calme.
Allez vous faire pendre ailleurs, **vieille chipie.**

Une ou deux virgules détachent un mot en apostrophe, qu'il s'agisse d'un simple nom, d'un terme d'affection, d'une injure...

Remarques

1. Il s'agit, somme toute, d'un petit acte de parole * — distinct de l'acte de parole principal.

2. Au début d'une lettre, une formule d'appel comme *Madame la Présidente* est traditionnellement suivie d'une virgule, d'un alinéa et d'une majuscule.

34 Avec un juron

Merde, j'ai oublié d'éteindre le feu...
Arrête, baptême, ou je te tords le cou !!
Jamais, calvaire !

Une ou deux virgules détachent un juron.

Remarque

Il s'agit, somme toute, d'un petit acte de parole* — distinct de l'acte de parole principal.

35 Avec un impératif employé seul

Allez, embrasse ta mère, puis monte te coucher : il est tard.
Tiens, comme c'est curieux ! Je ne vois plus Marielle.
Sophie, écoute, tu ne trouves pas que tu as trop bu !...

Une ou deux virgules détachent un impératif employé seul.

36 Avant *quoi*

Elle me connaît et me soigne depuis toujours. C'est un peu ma mère, quoi.

On met une virgule avant *quoi* quand cette interjection ne sert, somme toute, qu'à clore l'énoncé.

37 Avec *ah, ha, eh, hé, oh, ho, eh bien...*

Oh, le sacripant !
C'est douloureux, hein, Andrée ?
Elle est morte, hélas.

Pour détacher une interjection ou une locution interjective, le plus simple est de mettre une ou deux virgules.

1. L'interjection est, somme toute, un petit acte de parole *
— distinct de l'acte de parole principal.

2. Certains préfèrent *Eh bien! je l'avoue : j'ai eu peur* ou *Hé!
Vous, là-bas! Venez ici, s'il vous plaît.* (Voir § 204.)

3. On ne sépare pas les différents éléments d'une locution
interjective : *Eh oui, je sais... — Ah zut! J'ai oublié. — Ah la la!
Ce n'est pas tous les jours dimanche...*

4. Le *ô* vocatif est une interjection que l'on ne détache pas : *Tu
me quittes, ô mon bel amour?... Ô malheur! Tout s'obscurcit, et je
sens que je sombre.*

38 Entre les onomatopées qui rendent le rire

Ha, ha, ha! Très drôle!
Arrête. Tu me chatouilles! **Hi, hi**!

Pour rendre le rire, certains mettent une virgule entre les ono-
matopées.

D'autres préfèrent *Ha ha ha!* D'autres encore, *Ha! ha! ha!*
ou *Ha! Ha! Ha!*

39 Avec un mot répété pour marquer le haut degré

Les Hells Angels ne sont pas des gens **très, très** recommandables.
Il faut avouer qu'elle n'est pas **vite, vite** sur ses patins.

Dans le cas d'un mot répété pour marquer le haut degré, sans
doute met-on une virgule afin de montrer qu'il ne s'agit pas de
bêtes doublons.

40 Après *seul* en début de phrase

Toutes les autres rient. Seule ma sœur est malheureuse.
Seule compte la sécurité des athlètes.

En début de phrase, quand il a une valeur quasi adverbiale, on ne met habituellement pas de virgule entre **seul** et le mot avec lequel il s'accorde : *Seule ma sœur est malheureuse* signifie tout autre chose que **Seule**, *ma sœur est malheureuse* (= *Quand elle est seule, ma sœur est malheureuse*).

Remarque

On écrit **Toi seule** *y comprends quelque chose.*

41 Avec *je soussigné*

Je soussignée, **Marie-France Lavoie, linguiste,** déclare que je ne suis pour rien dans l'incendie de la cathédrale de Saint-Jérôme.

Dans le *Dictionnaire des difficultés de la langue française*, d'Adolphe Thomas, il est écrit : « Dans la rédaction d'un acte, on écrit sans virgules et en faisant l'accord avec le sujet : *Je soussigné reconnais avoir reçu de M. X... Je soussignée reconnais... Nous soussignés reconnaissons...* (ou *Nous soussigné* s'il s'agit d'un pluriel de modestie).» On ne met de virgules que si l'on cite son nom, sa qualité, son adresse.

42 Avec un groupe nominal complément du nom

Mozart était un enfant prodige. (*Quelle sorte d'enfant était Mozart?*)

On écrit d'un trait l'énoncé qui répond à *une* question. Une ou deux virgules ne détachent un groupe nominal complément du nom (l'apposition détachée de la grammaire traditionnelle) que s'il réalise un acte de parole* distinct de l'acte de parole principal :

Boxeur hors pair, Léo m'a mis K.-O.

Elle a vu M. Legault, **maire de Granby.**

Max, **un grand timide,** a ri. (*Quelle fut la réaction de Max? Quelle sorte d'homme est Max?*)

(= Max, [Max est] un grand timide, a ri.)

Remarque

Si l'on n'a qu'une sœur, on écrit *Ma sœur, Sylvie, part pour l'Australie.* Si l'on en a plus d'une, en revanche, on écrit *Ma sœur Sylvie part pour l'Australie.*

43 Avec un groupe adjectival complément du nom

Il a interviewé un pilote remarquable. (*Qui a-t-il interviewé?*)

On écrit d'un trait l'énoncé qui répond à *une* question. Une ou deux virgules ne détachent un groupe adjectival complément du nom (l'épithète détachée ou l'adjectif en apposition de la grammaire traditionnelle) que s'il réalise un acte de parole* distinct de l'acte de parole principal :

Furieuse, elle cassa tout.

Diane dormait debout, **épuisée.**

Max, **timide,** a ri. (*Quelle fut la réaction de Max? Quelle sorte d'homme est Max?*)

(= Max, [Max est] timide, a ri.)

44 Avec une relative

Elle aime le jumeau **que tu hais.** (*Lequel des jumeaux aime-t-elle?*)

Un trèfle qui a quatre feuilles **porte bonheur.** (*Qu'a de spécial un trèfle qui a quatre feuilles?*)

On écrit d'un trait — et l'on dit d'un souffle — l'énoncé qui répond à *une* question. Une ou deux virgules ne détachent une relative que si elle réalise un acte de parole* distinct de l'acte de parole principal :

Max, **qui est timide,** a ri. (*Quelle fut la réaction de Max? Quelle sorte d'homme est Max?*)
(= Max, [Max] est timide, a ri.)

Ils ont demandé à Line, **qui a accepté.** (*Qu'ont-ils fait? Quelle fut la réaction de Line?*)
(= Ils ont demandé à Line, [Line] a accepté.)

Remarques

1. On ne détache pas la relative d'un énoncé comme *Toi qui n'as pas froid aux yeux, écoute-moi.*

2. Entre antécédent et relative, s'il n'y a qu'un verbe, on ne met habituellement pas de virgule : *Je la vis qui s'enfuyait.* (= *Je la vis au moment même où elle s'enfuyait. Je la vis s'enfuir.*) — *Un groom **entre** qui apporte un télégramme.* (= *Un groom qui apporte un télégramme entre.*) En revanche, dès que l'on a affaire à un prédicat plus important, rares sont ceux qui, par exemple, écrivent *Des gens **se croient sympathiques** qui sont en réalité d'une rare froideur.*)

3. Entre antécédent et relative, s'il y a un nom ou un pronom, une virgule est souvent forcée : *On vient de nous présenter **un documentaire** sur le pingouin, **qui était beaucoup trop long.***

4. On écrit *Tous voulaient s'y rendre, **qui** en train, **qui** en avion, **qui** en bateau.* Ce **qui** est dit distributif.

45 Avec une participiale dont le sujet n'est pas exprimé (participe passé)

Il goûte au pâté **fait par Bob.** (*À quel pâté goûte-t-il?*)

Si son verbe est au participe passé, une participiale dont le sujet n'est pas exprimé est tantôt une subordonnée complément du nom — et l'on écrit l'énoncé d'un trait : il répond à *une* question —, tantôt une subordonnée qui constitue un acte de parole * distinct de l'acte de parole principal et *doit* être détachée :

Rendue à Val-d'Or, elle fila chez son amant.

Luc, **intervenu trop tard,** pleurait. (*Que faisait Luc? Quand Luc était-il intervenu?*)

(= Luc, [Luc était] intervenu trop tard, pleurait.)

46 Avec une participiale dont le sujet n'est pas exprimé (participe présent)

On barre les rues **menant au stade.** (*Quelles rues barre-t-on?*)

Si son verbe est au participe présent, une participiale dont le sujet n'est pas exprimé est tantôt une subordonnée complément du nom — et l'on écrit l'énoncé d'un trait : il répond à *une* question —, tantôt une subordonnée que l'on appelle « adjointe » et qui, à ce titre, *doit* être détachée, peu importe sa position :

Hélène hésitait, **craignant le pire.**
Ayant roulé moins vite, les pilotes se seraient évités.
Étant parti[1] **trop tôt,** il n'a rien vu.

Remarque

Si une subordonnée adjointe n'est pas enchâssée, n'est pas complément de phrase, et si elle constitue un acte de parole* distinct de l'acte de parole principal, c'est qu'elle ne saurait répondre à aucune question : «*Pourquoi Hélène hésitait-elle? — Parce qu'elle craignait le pire.*»

47 Avec une participiale dont le sujet est exprimé

«Quand reprendras-tu le collier?
— Je te ferai ce plaisir à peine la Noël passée. »

«Quand partons-nous?
— Nous partons aussitôt l'auto réparée. »

---

1. Comme le précise *L'art de conjuguer* dans son mode d'emploi, *ayant roulé* et *étant parti* sont les formes composées de participes présents.

Si elle forme le foyer d'information*, on ne détache pas une participiale dont le sujet est exprimé. En revanche, une virgule met en évidence celle qui est un thème* en début ou en fin de phrase :

> **À peine Anne rentrée,** je me suis mis à pleurer.
> **Le temps aidant,** Suzanne m'oubliera.
> **L'ennemi ayant fui,** les paysannes purent dormir.
> **L'acrobate étant tombé,** la représentation prit fin.
> **Les présentations ayant été faites,** ils se serrèrent la main.

> « Une fois la grève terminée, que fera le patron ?
> — Il prendra des vacances, **une fois la grève terminée.** »

… ou détache celle qui est un acte de parole* additionnel :

> « Que feras-tu ?
> — Je ferai ce que j'ai à faire, **sitôt l'été venu**[1]. »
> (= Je ferai ce que j'ai à faire, [je le ferai] sitôt l'été venu.)
> (= Je ferai ce que j'ai à faire. Sitôt l'été venu.)

48 Avec une participiale au gérondif

> « Quand as-tu téléphoné à Sylvie ?
> — Je l'ai fait **en arrivant.** »

Si elle forme le foyer d'information*, on ne détache pas une participiale au gérondif. En revanche, une virgule met en évidence celle qui est un thème* en début ou en fin de phrase :

> **En ayant fini pour midi,** ils auront une heure de repos.
> **En repartant,** elle a oublié l'une de ses valises.
> **En terminant,** j'aimerais vous remercier.

---

1. Ce que le foyer d'information nous apprend doit avoir du « poids » (voir § 1, note 2). Le principal juge en la matière étant l'émetteur, certaines virgules risquent parfois de disparaître — pour le meilleur ou pour le pire : *Tu te demandes sans doute ce que je ferai pour m'en sortir. Eh bien, je ferai ce que j'ai à faire sitôt l'été venu.*

« Et en travaillant, tu arrives à te détendre ?
— Je ne m'en fais jamais, **en travaillant.** »

… ou détache celle qui est un acte de parole * additionnel :

« À la fin, as-tu échoué ?
— J'ai atteint tous mes objectifs, **en me donnant à fond** [1]. »
(= J'ai atteint tous mes objectifs, [je les ai atteints] en me donnant à fond.)
(= J'ai atteint tous mes objectifs. En me donnant à fond.)

Enfin, pour ce qui regarde celle qui joue le rôle de modificateur du groupe verbal, voir § 9.

Remarque

S'agissant d'exprimer la simultanéité de deux événements, on ne met habituellement pas de virgule avant *tout en parlant, tout en marchant, tout en fuyant mon regard…* Il n'est toutefois pas impossible d'y voir, après le foyer d'information, quelque acte de parole additionnel.

49 Avec la mise en évidence par détachement

Il est mauvais, **ce melon.**
On ne **t'**a rien dit, **à toi** ?
Le go, c'est un jeu que les Japonais adorent.
Que vous soyez furieux, cela nous importe peu.
Des sculptures d'Armand Vaillancourt, j'en ai déjà vu.
Ce problème, Louis **en** a parlé.
Elle **y** va mardi, **à Shawinigan.**
Ils **y** sont déjà, **à Sept-Îles.**
Je **le** suis trop souvent, **distrait.**

---

1. Ce que le foyer d'information nous apprend doit avoir du « poids » (voir § 1, note 2). Le principal juge en la matière étant l'émetteur, certaines virgules risquent parfois de disparaître — pour le meilleur ou pour le pire : *« À la fin, as-tu échoué ? — J'ai atteint tous mes objectifs en me donnant à fond. »*

Il arrive que l'on veuille mettre en évidence un thème* et qu'il s'agisse de l'un des constituants obligatoires de la phrase (groupe nominal sujet, complément du verbe, attribut) : on le place en début ou en fin d'énoncé ; une virgule le détache ; et un pronom, un mot personnel[1] ou les mots *ce, ça, cela,* occupent sa place normale[2]. (Pour ce qui regarde la mise en évidence du thème qu'est parfois le complément de phrase[3], voir § 1, 51-55. Quant au complément indirect en début de phrase, voir § 8.)

Remarques

1. Syntaxiquement parlant, les mots détachés ne jouent plus aucun rôle.

2. Dans *Il serait ridicule de rouspéter,* aucune virgule ne détache le complément du verbe impersonnel. En revanche, on peut regretter que personne n'écrive *Ce serait gentil, d'inviter Lise.* Il s'agit alors, en effet, de la mise en évidence d'un thème (une infinitive amenée, selon Éric Genevay, par le subordonnant *de*).

3. C'est sans virgule non plus que tout le monde écrit *C'est un plaisir que de faire votre connaissance* ou *C'est un gentil garçon que ce Michel.*

4. On ne met pas de virgule dans une phrase de type interrogatif* comme *Pierre est-il là ?* Aucune mise en évidence n'y est opérée : *Pierre* est un sujet que le pronom *il* renforce. Certains appellent cela une « fausse inversion ».

---

1. *Je, me, tu, te, nous* ou *vous,* traditionnellement classés parmi les pronoms personnels.
2. Surtout en début d'énoncé, on parle alors d'un « thème marqué » ; en fin d'énoncé, d'un « rappel de thème » ou de la mise en évidence d'un « groupe à valeur thématique ».
3. Un complément que la grammaire traditionnelle appelait « complément circonstanciel ».

50 Avec la mise en évidence d'un changement de thème

Les autres dormaient. **Moi,** je veillais au grain.

Le crâne du gorille abattu servira de lampadaire ; ses mains, **elles,** de cendriers.

Zsa Zsa Gabor eut neuf maris ; Elizabeth Taylor, **quant à elle,** n'en eut que sept.

Tu ne l'aimes pas ? **Pour ma part,** je crois qu'il est parfait.

Il arrive que l'on veuille mettre en évidence un changement de thème * : une ou deux virgules détachent soit le mot personnel [1] ou le pronom qui représente le nouveau thème, soit *quant à…, en ce qui concerne…, pour ce qui concerne…, pour ce qui regarde…*

Remarques

1. Un ou plusieurs mots sont parfois sous-entendus : *Elle lui souriait ; lui, [il] souriait aux anges* [2]. — *Il ira chez elle ; elle, [elle ira] chez toi.* (Voir § 89.)

2. Il arrive que la langue parlée se permette cette tournure : *Moi, mon animal préféré est le koala.*

51 Après un complément de phrase en début de phrase

Hier, cette enfant a enseigné le français à ses poupées.

À la fin de ses lettres, ce drôle signait du nom de son chien.

Au milieu des crocodiles, le jeune hippopotame ne risque rien.

Quand il apprit la mort du boxeur, son manager lança : « Penchez-vous vite au-dessus de lui. Commencez, à voix haute, à compter jusqu'à dix, et je vous promets qu'il se relève. »

---

1. *Moi, toi, nous* ou *vous,* traditionnellement classés parmi les pronoms personnels.
2. Point-virgule et virgule travaillent ici de concert ; ponctuer différemment serait jouer avec le feu.

Puisqu'il s'agit de la mise en évidence d'un thème*, on met une virgule après un complément de phrase[1] en début de phrase — sauf s'il y a inversion du sujet :

Derrière le volant **était assis le trésorier du Ku Klux Klan**[2].

... ou si ce complément est plutôt, en fait, le foyer d'information* (ce qui est très rare) :

«Hier, tu as assisté à la générale?
— Non. **Avant-hier** j'ai assisté à la générale. Hier, c'était la première.»

À l'oral, l'intonation — et parfois une légère pause — entre alors en jeu. Cela dit, on écrirait mieux *C'est avant-hier que j'ai assisté à la générale* ou *J'ai assisté à la générale avant-hier.*

Remarque

L'usage est hésitant. Lorsque le complément est un thème très court, nombreux sont ceux qui négligent de marquer sa mise en évidence : *Ce matin elles ont empaillé un héron.*

52 Avant un complément de phrase en fin de phrase

«Et quand vas-tu te soûler?
— Je vais me soûler **ce soir.**»

En fin de phrase, devant un complément de phrase qui est le foyer d'information*, on ne met pas de virgule. On en met une, en revanche, quand il s'agit d'un thème* mis en évidence :

«Ce soir, qu'est-ce que tu fais?
— Je vais me soûler, **ce soir.**»

... ou d'un acte de parole* additionnel :

---

1. Un complément que la grammaire traditionnelle appelait «complément circonstanciel».
2. Le groupe nominal sujet devient le foyer d'information.

« Tout va épouvantablement mal, mais… qu'est-ce que tu vas faire ?
— Je vais me soûler, ce soir [1]. »
(= Je vais me soûler, [je vais me soûler] ce soir.)
(= Je vais me soûler. Ce soir.)

53 Avec un complément de phrase au cœur de la phrase

On s'inquiéta de l'apparition, **fin mai,** des premiers symptômes.

Peu de gens savent l'importance, **en pareilles circonstances,** de bons pneus.

J'eus ce pressentiment au moment exact où, **à des kilomètres de là,** il mourait.

« Et samedi dernier, comment se portait ta voisine ?
— Madame Gagnon, **samedi dernier,** était heureuse. »

Au cœur de la phrase, une ou deux virgules détachent tout complément de phrase [2] qui casse trop nettement le fil du discours ou est un thème * à lui seul. En revanche, un groupe *faisant partie du thème* est intouchable :

« Pourquoi être allé à Belœil mardi plutôt que jeudi ?
— **Nous y sommes allés mardi** parce que c'était urgent. »

« Toutes sortes de choses sont arrivées chez Martin, non ?
— **Ce qui est arrivé chez lui ce matin** m'a laissé de glace, mais [3] **ce qui y est arrivé hier soir** m'a ému. »

---

1. Ce que le foyer d'information nous apprend doit avoir du « poids » (voir § 1, note 2). Le principal juge en la matière étant l'émetteur, certaines virgules risquent parfois de disparaître — pour le meilleur ou pour le pire : *Tout va épouvantablement mal, c'est vrai. Mais tu sais ce que je vais faire ? Je vais me soûler ce soir.*
2. Un complément que la grammaire traditionnelle appelait « complément circonstanciel ».
3. Les marques de coordination (comme *mais*) ne sont jamais des thèmes.

Remarque

Parfois, si le foyer d'information* est court, et surtout si sa présence en fin de phrase risque d'être la cause de quelque ambiguïté ou fouillis, on le glisse tout de suite après un verbe dont le groupe est long (à l'oral, l'intonation — et parfois une légère pause — entre en jeu) : «*Et quand aurai-je droit au récit de ton week-end? — Je te raconterai **lundi** tout ce qui me sera arrivé samedi et dimanche.*» Sans virgules. On peut toutefois préférer *C'est lundi que je te raconterai tout ce qui me sera arrivé samedi et dimanche.*

54 Après *et, mais, car, que,* suivis d'un complément de phrase

Et pour que Paul ne boude pas, j'inviterai aussi sa copine.

J'ai du travail, **mais dès que tu es prête,** nous partons.

Merci du fond du cœur, **car sans toi,** nous n'y serions jamais arrivés.

Il dit **que derrière chacun de ces grands hommes,** il y a eu une femme.

Et, mais, car et le subordonnant non lié *que*[1] se soudent au complément de phrase[2] qui suit. Une virgule n'est possible, entre eux, que si ce complément n'est pas essentiel au sens de l'énoncé :

J'avais compris, **mais,** sans que je le lui demande, **il a tout répété.**

Elle n'y va plus, **car,** après ces émotions, **elle est épuisée.**

Je dis simplement **que,** malgré l'obscurité des lieux, **je t'ai vu.**

Deux virgules détachent alors ce dont on peut se passer — à moins que le complément dont il s'agit ne commence par une

---

1. Ce *que* est dit «non lié» parce qu'il ne fait que marquer l'enchâssement d'une subordonnée ; un subordonnant «lié» joue ce même rôle, mais aussi celui de remplacer l'un des constituants de la phrase enchâssée (comme le pronom relatif dans *Voici les singes que j'ai achetés*).

2. Un complément que la grammaire traditionnelle appelait «complément circonstanciel».

voyelle et ne soit lié à la phrase de niveau supérieur[1] par *que,* auquel cas il y a souvent élision :

Je crois **qu'**après tout ce qu'elle a vécu, **cette dame a des choses à dire.**

Remarques

1. *Et, mais, car, que,* se soudent également à une subordonnée adjointe[2] : *Nous brûlons d'impatience, **mais puisque les vitraux ont été abîmés, il faudra d'abord les restaurer.** — Elle dit que ça ira, mais **que si le mal empire, il faudra opérer.** — Elle mentira et, **vu qu'elle est habile,** on la croira.*

2. Si l'on a plutôt affaire au subordonnant lié qu'est le pronom relatif *que* (presque toujours complément direct, parfois attribut...), on a le choix entre zéro et deux virgules : *François est un homme que l'an dernier j'ai appris à aimer. — J'aime l'homme qu'au fil des ans il est devenu. — Son frère est quelqu'un que, **sans que je sache pourquoi,** j'ai toujours craint.*

3. De même que l'on écrit *Derrière le volant était assis le trésorier du Ku Klux Klan,* on écrit *Tout allait mal, **et derrière le volant** était assis le trésorier du Ku Klux Klan.* (Voir § 51.)

4. Ceux qui écrivent *Ce matin elles ont empaillé un héron* écrivent aussi *Je crois **que ce matin** elles ont empaillé un héron.* (Voir § 51, rem.)

---

55 Avant *quand, parce que, pour que, sans que...*

« Quand irez-vous là-bas ?
— J'irai quand mon travail me le permettra. »

---

1. La phrase de niveau supérieur est l'ensemble dont fait partie la subordonnée.
2. L'adjointe n'appartient pas à un groupe de la phrase de niveau supérieur, elle n'est pas enchâssée ; elle constitue par elle-même un acte de parole ; habituellement, une ou deux virgules la détachent, peu importe sa position.

« Pourquoi me poses-tu cette question ?
— Je te la pose parce que cela m'a toujours intrigué. »

« Dans quel but devrais-je accepter leur offre, selon vous ?
— Faites-le pour que tout baigne dans l'huile. »

Si elle forme le foyer d'information *, on ne détache pas une subordonnée introduite par *quand, parce que, pour que, sans que...* En revanche, une virgule met en évidence celle qui est un thème * en fin de phrase :

« Et quand le bébé est mort, que faisaient ses parents ?
— Ses parents dormaient, **quand le bébé est mort.** »

Il veut qu'elle l'écoute, **quand il lui parle.** (*Quand il lui parle, que veut-il qu'elle fasse ?*)

... ou détache celle qui est un acte de parole * additionnel [1] :

« Qu'est-ce qu'on t'a fait ?
— On m'a volé mon porte-monnaie, **sans que je m'en aper-çoive !** »

« Quel est le sport préféré d'Hélène ?
— Le ski, **parce qu'elle adore la neige.** »
(= [C'est] le ski, [c'est le ski] parce qu'elle adore la neige.)
(= Le ski. Parce qu'elle adore la neige.)

Remarques

1. Avec *pour que, afin que,* quand un impératif est suivi d'un tour elliptique, la virgule est forcée : *Viens plus près, que je te voie !*

2. Dans *Le bon usage,* il est écrit : « La proposition temporelle est parfois la partie la plus importante du message. » La première phrase de *Madame Bovary* en offre un bel exemple : « Nous étions à l'étude, **quand le Proviseur entra,** suivi d'un *nouveau* habillé en

---

1. Ce que le foyer d'information nous apprend doit avoir du « poids » (voir § 1, note 2). Le principal juge en la matière étant l'émetteur, certaines virgules risquent parfois de disparaître — pour le meilleur ou pour le pire : « *Qu'as-tu fait hier ? — Je me suis reposé parce que je n'en pouvais plus.* »

bourgeois et d'un garçon de classe qui portait un grand pupitre.» Virgule avant. — Plus loin, toutefois : «Ils étaient au lit **lorsque M. Homais,** malgré la cuisinière, **entra** tout à coup dans la chambre, en tenant à la main une feuille de papier fraîche écrite.» Le signe, comme on le voit, est facultatif. (Il le serait tout autant dans *À peine Anne s'était-elle endormie, que le coq chanta.*)

56 Avant *tandis que, alors que, pendant que...*

Je travaille tandis que j'en ai encore la force...

«Quand mettras-tu l'argent sous l'oreiller de la petite ?
— Je le ferai pendant qu'elle dormira à poings fermés.»

On ne met pas de virgule avant *tandis que, alors que, pendant que...,* dès lors que ces subordonnants introduisent le foyer d'information* en exprimant la simultanéité de deux événements. On en met une, en revanche, s'ils expriment surtout une opposition :

Elle est aux anges, **tandis que lui, le pauvre, il déprime.**
On veut te faire croire que tu as tout, **alors que tu n'as rien !**
Elle s'imagine que c'est à deux pas, **quand c'est à des kilomètres...**

57 Avec *puisque, attendu que, vu que, comme...*

Eh bien, notre fils est idiot, **puisque tu le dis !**
Attendu qu'il se fait tard, il vaut mieux renoncer.
Vu qu'elle avait le vertige, Élise était redescendue.
Comme il pleuvait, nous sommes rentrés.

La subordonnée introduite par *puisque, attendu que, vu que, comme...,* est ce que l'on appelle une « adjointe » : elle *doit* être détachée, peu importe sa position.

Remarques

1. Si une subordonnée adjointe, par définition, n'est pas enchâssée, n'est pas complément de phrase, et si elle constitue un

acte de parole* distinct de l'acte de parole principal, c'est qu'elle ne saurait répondre à aucune question : « *Pourquoi notre fils est-il idiot ? — Parce que tu le dis !* »

2. Puisque l'on écrit *Jean-Pierre, généreux quoique avare, me prêta 1000 $* (voir le paragraphe suivant, rem. 2), *Jean-Pierre, avare mais généreux, me prêta 1000 $* (voir § 20) et *Son attitude, froide sinon hostile, m'exaspérait* (voir § 27, rem. 2), certains écrivent *Martine, détendue puisque heureuse*[1], *fermait les yeux*. On a affaire à une forte ellipse ; deux virgules sont déjà dans les parages immédiats...

58 Avec *bien que, quoique, quoi que...*

Je préfère encore me taire, **bien que j'en aie long à dire**...
Quoique ce soit inutile, elle le dispute.
Isabelle se fera percer le nombril, **quoi que sa mère en pense.**
Je vais refuser, **quel que soit le salaire offert.**

La subordonnée concessive introduite par *bien que, quoique, quoi que, quel... que, quelque... que,* est habituellement ce que l'on appelle une « adjointe » : elle *doit* être détachée, peu importe sa position. — Il est très rare que ces subordonnants se soudent à ce qui précède :

Jean-Pierre, généreux quoique avare, me prêta 1000 $.
Ce qui m'irrite, c'est qu'elle le fasse bien que je le lui interdise.

« Quand tu iras à Genève, faudra-t-il que ce soit l'été ?
— J'irai là-bas quelle que soit la saison. »

---

1. Dans le *Dictionnaire des difficultés du français d'aujourd'hui*, il est écrit : « L'ellipse du sujet et du verbe *être* après *puisque* appartient au registre familier. » Quant à lui, le *Nouveau dictionnaire des difficultés du français moderne* dit qu'elle est « moins courante et plus critiquée qu'après *parce que* ». *Le bon usage* estime au contraire que le tour est ancien ; il cite Aubigné : « Nostre defense a esté juste puis que forcée. »

Remarques

1. Dans un exemple comme le troisième, si la subordonnée n'est pas enchâssée, n'est pas complément de phrase, et si elle constitue un acte de parole* distinct de l'acte de parole principal, c'est qu'elle ne saurait répondre à aucune question. Après avoir écrit *Isabelle se fera percer le nombril,* on n'ajoute pas *quoi que sa mère en pense* avec le sentiment qu'il s'agit là d'un foyer d'information* répondant à la question *En dépit de quoi Isabelle se fera-t-elle percer le nombril?* Cet énoncé donne donc bel et bien *deux* informations.

2. Dans le cinquième exemple, **généreux quoique avare** rappelle *Jean-Pierre,* **avare mais généreux,** *me prêta 1000 $* (voir § 20) et *Son attitude,* **froide sinon hostile,** *m'exaspérait* (voir § 27, rem. 2). On a affaire à une forte ellipse[1]; deux virgules sont déjà dans les parages immédiats; et l'on a sans doute le sentiment que **quoique avare** équivaut en tous points à **malgré son avarice,** que l'on écrirait d'un trait.

3. Le chemin qui mène au sixième exemple est celui-ci : *Ce qui m'irrite, c'est qu'elle le fasse* **malgré** *mon interdiction. — Ce qui m'irrite, c'est qu'elle le fasse* **malgré que**[2] *je le lui interdise. — Ce qui m'irrite, c'est qu'elle le fasse* **bien que** *je le lui interdise.*

4. Bien sûr, si le dernier exemple est écrit d'un trait (*J'irai là-bas quelle que soit la saison*), c'est que la subordonnée est le foyer d'information. Elle signifie tout à la fois «J'irai là-bas quand ce sera le printemps», «J'irai là-bas quand ce sera l'été», «J'irai là-bas quand ce sera l'automne» et «J'irai là-bas quand ce sera l'hiver».

---

1. *Le bon usage,* le *Nouveau dictionnaire des difficultés du français moderne* et le *Dictionnaire des difficultés du français d'aujourd'hui* voient d'un bon œil cette même ellipse après **bien que.**

2. On dit que **malgré que** est «condamné avec obstination par les puristes», mais *Le bon usage* et le *Nouveau dictionnaire des difficultés du français moderne* ne lui trouvent aucun défaut.

59 Avant le *si* d'une subordonnée hypothétique

« Je ne suis pas sûr de mes calculs.
— On ne t'en voudra pas, **si tu fais erreur.** »

« Et si elle s'absente… ?
— Elle me le paiera, **si elle s'absente.** »

On met une virgule avant le *si* d'une subordonnée hypothétique quand cette dernière est un thème* mis en évidence — ce qui est habituellement le cas. En revanche, on ne détache pas un foyer d'information* :

« Tu m'inquiètes, et j'aimerais que tu cesses de boire.
— Je cesserai de boire **si je veux** ! »
(= Je ne cesserai de boire que si je veux !)

Remarque

Dans le dernier exemple (où la subordonnée a une valeur restrictive — et s'apparente à un complément de phrase), on peut imaginer *à (la)* **condition** *que* suivi du subjonctif, ou *à (la) condition de* suivi de l'infinitif ; et l'énoncé réalise un seul acte de parole*, tandis que dans *On ne t'en voudra pas, si tu fais erreur* et *Elle me le paiera, si elle s'absente,* on en a chaque fois deux : une assertion et une hypothèse.

60 Avec *si… que, tant… que, si bien que, tellement que…*

« À quel point as-tu faim ?
— J'ai **si** faim **que** je mangerais un cheval. »

« À quel point cette magicienne est-elle habile ?
— Elle est **si** habile **que** l'on n'y voit que du feu. »

Il y avait **tant** de neige **que** les arbres baissaient les bras.
Votre fille chante **tellement** bien **qu'**elle ira loin.

On ne met pas de virgule avant le *que* d'une subordonnée corrélative consécutive rattachée aux adverbes modificateurs *si,* *tant, tellement...* On écrit d'un trait l'énoncé qui répond à *une* question. — En revanche, *si bien que, tellement que, de telle manière que, de telle sorte que...*, fonctionnent comme des subordonnants et sont détachés dès lors que l'on a affaire à *deux* informations, à deux actes de parole* distincts (un argument et une conclusion) :

> Il est fou d'elle, **si bien qu'il délire.**

> Il est lent, **tellement que j'enrage.** (*Que dire de lui ?... À quel point est-il lent ?*)
> (= Il est lent, [il est] tellement [lent] que j'enrage.)

Remarques

1. Si l'on a affaire à un tour elliptique, la virgule, sans être forcée, est bienvenue : *Ce gars-là sue, que c'en est inquiétant !*

2. Après une virgule, il arrive que *tant* et *tellement* introduisent non pas la conséquence mais la cause : *J'enrage, tellement il est lent ! — On n'y voit que du feu, tant elle est habile...*

61 Avec *moins... que, aussi... que, plus... que...*

> Ma carte professionnelle est moins belle que la tienne.
> Ton sourire efface le malheur aussi sûrement que la gomme le coup de crayon.
> Les huiles de Fortin sont plus connues que ses eaux-fortes.

La subordonnée corrélative comparative rattachée aux adverbes *moins, aussi, autant, plus...*, s'écrit sans virgule avant *que*.

62 *J'étais jeune, que j'étais déjà triste*

> J'étais jeune, que j'étais déjà triste.
> J'étais jeune que j'étais déjà triste.

Dans *Le bon usage*, il est écrit : « Lorsque des sous-phrases sont coordonnées d'une manière implicite, il y a entre elles une liaison logique. La langue semble ne pas se satisfaire de l'absence d'un lien visible, et elle tend à le marquer au moyen de la conjonction *que*, ce qui a pour effet d'inverser la hiérarchie logique : la sous-phrase devenue proposition par l'introduction du *que* est souvent la partie la plus importante du message. » L'autre « sous-phrase » équivaut-elle à une temporelle, la virgule est facultative.

63 *Aboyait-il, que je tremblais. — Tu rirais, que je rougirais.*

Aboyait-il, **que je tremblais.**
Aboyait-il que je tremblais.

Tu rirais, **que je rougirais.**
Tu rirais que je rougirais.

Dans *Le bon usage*, il est écrit : « Lorsque des sous-phrases sont coordonnées d'une manière implicite, il y a entre elles une liaison logique. La langue semble ne pas se satisfaire de l'absence d'un lien visible, et elle tend à le marquer au moyen de la conjonction *que*, ce qui a pour effet d'inverser la hiérarchie logique : la sous-phrase devenue proposition par l'introduction du *que* est souvent la partie la plus importante du message. » L'autre « sous-phrase » équivaut-elle à une hypothétique — phrase de type interrogatif *, ou de type déclaratif * avec le verbe au conditionnel —, la virgule est facultative.

Remarque

Dès que le *que* n'y est plus, la virgule est évidemment forcée :
Arrivait-il un imprévu, cet incompétent perdait tous ses moyens.
— Cela m'arriverait, j'éclaterais de rire.

64 Pour faciliter la lecture

Le doberman qui avait failli mordre la petite sœur de ce voisin dont je t'avais dit qu'il est malheureusement sourd de l'oreille gauche, **vient tout juste de se faire écraser par une voiture.**

Élisabeth écrit non seulement des textes qui savent, par leur fraîcheur, par leur intelligence, fasciner tout auditoire, **mais** des textes extrêmement émouvants.

Il est si rare **que** tu me dises **que** tu n'aimes **que** moi, **qu'il** m'arrive d'en douter.

Quand il y a risque de confusion, on se sent parfois forcé, pour faciliter la lecture, de mettre une virgule là où normalement on ne mettrait rien, ou de ne rien mettre là où normalement on en mettrait une :

Si vous me téléphonez jeudi, **vendredi je** verrai ce que je peux faire.

65 Entre la mention du lieu et celle de la date

Lévis, le samedi 30 juin 2001

Au début d'une lettre, on met une virgule entre la mention du lieu et celle de la date.

66 Après une brève formule de salutation

Cordialement,

Isabelle V. Romagnino

Isabelle V. ROMAGNINO,
notaire

À la fin d'une lettre, on met une virgule après la formule de salutation qui précède la signature (à condition qu'il ne s'agisse pas d'une phrase entière), ainsi qu'entre le nom dactylographié et la profession ou le titre.

67 Après le numéro d'immeuble

Catherine Lechat
67, rue Claude-Léveillée
Saint-Sauveur-des-Monts (Québec) J0R 1R0

Dans une adresse postale, une virgule suit le numéro d'im-
meuble — à moins que l'on écrive *Elle habite au 8764 de l'avenue
Christophe-Colomb.*

68 Après les points de suspension, d'interrogation ou d'exclamation d'un titre

Elle a lu *Aimez-vous Brahms…*, et ce, à douze ans.
Il m'a emprunté *Qui a peur de Virginia Wolf ?*, voilà tout.
Elles ont détesté *N'écoutez pas, Mesdames !*, et cela me déçoit.

À ce sujet, tous s'entendent : quand il le faut, on met une virgule après les points de suspension, d'interrogation ou d'exclamation d'un titre.

69 Entre un titre et le nom de l'auteur

Connais-tu l'extraordinaire *Tu verras,* de Nougaro ?

On met habituellement une virgule entre un titre et le nom de
l'auteur — sauf si plusieurs auteurs se partagent un même titre :

Il préfère le *Roméo et Juliette* de Tchaïkovski ; celui de Prokofiev
l'angoisse.

70 Dans une référence bibliographique

CHANTIGNY, Louis. *Mes grands du cyclisme,* Montréal, Leméac,
1974, 174 p.

Dans toute référence bibliographique établie selon les recommandations du *Français au bureau,* la virgule sépare le nom et le
prénom de l'auteur, puis tous les renseignements suivant ce prénom.

Remarque

Dans une référence en bas de page, le prénom de l'auteur
précède toujours son nom, lequel est séparé du titre par une

virgule, et l'on indique, à la fin, la ou les pages consultées : 1. **Louis CHANTIGNY,** *Mes grands du cyclisme,* Montréal, Leméac, 1974, **p. 33-35.** — Dans le corps du texte, le renvoi à cette référence peut être un chiffre supérieur ou un astérisque.

71 Avant les décimales

Sébastien mesure 1,**80** m, et il n'a que 13 ans.
Ce pied-de-biche coûte 24,**99** $.

La virgule permet de donner les décimales.

72 Entre les différentes parties d'une somme

Cinq pieds onze pouces, cela fait combien de centimètres ?

On ne met pas de virgule entre les différentes parties d'une somme.

73 Règle typographique

Avant la virgule : rien ; elle est collée au mot qui la précède [1], et elle reste toujours dans la même face que lui : si ce mot est en gras ou en italique, la virgule l'est aussi — même quand un appel de note se glisse entre eux.

Après : une espace sécable* — sauf si l'on a affaire à des décimales.

---

1. La virgule, en fait, est collée à tout ce qui la précède : parenthèse, crochet, tiret, points de suspension, point d'interrogation, point d'exclamation, point abréviatif, chiffre...

Chapitre 2
Le point

74 À la fin de la phrase de type déclaratif ou impératif

Ce stradivarius a été adjugé pour 1 200 000 $.
Trouve une cabine téléphonique.
Que Claude aille au diable.

Le plus souvent, pour clore une phrase de type déclaratif * ou impératif *, on met un point.

Remarques

1. Si l'on veut donner plus de relief à un élément en particulier, un point le détache : *Elle était habile. Très.* (Voir le paragraphe suivant.)

2. Dans le système du discours indirect, à la fin d'une demande d'information, on met un point, et non un point d'interrogation : *La pharmacienne voulait savoir si j'étais allergique.*

75 Avant *et, mais, car*

Il fait beau. **Et** il fait chaud !
Nous réussirons, vous le savez. **Mais** ce sera dur.
Il n'en est pas question. **Car** trop, c'est trop.

Avant *et, mais, car,* pour donner plus de saveur à ce qui précède comme à ce qui suit, on préfère parfois le point à la virgule.

76 À la fin d'un slogan, d'une consigne, d'un titre d'œuvre...

Naviguez Canoë
Interdit de fumer

Bureau du registraire
L'afficheur hurle
La métaphore chez Jacques Ferron

On ne met pas de point à la fin d'un slogan, ni à la fin d'une consigne ou d'une inscription figurant sur une affiche ou un écriteau, ni à la fin du titre d'une œuvre — que ce soit sur la couverture d'un livre, sous une reproduction…, qu'il s'agisse d'un texte, d'un tableau, d'une sculpture, d'un film, d'un opéra, d'un ballet… À l'école, au collège, à l'université, on n'en met pas davantage à la fin du titre que l'on donne à l'un de ses travaux.

Remarque

Il arrive toutefois qu'une campagne de publicité recoure au point final pour donner plus de force à un slogan : *Demain, c'est aujourd'hui.* — Le point d'exclamation, quant à lui, est omniprésent…

77 À la fin du titre d'un article de journal

« Mon secret : ma balle courbe »
Le lanceur des Braves, impeccable, mystifie les Pirates

Dans le cas d'un article de journal, la tradition est de ne pas mettre de point final à la fin du titre ou du sous-titre[1] (qu'ils soient centrés ou « en pavé »), à moins qu'ils ne fassent plus d'une ligne et comportent déjà une ponctuation forte (point, point d'interrogation ou d'exclamation…) :

Le carnaval tourne au cauchemar
Une bombe artisanale explose. La police est sur les dents.

---

1. Ce qui n'empêche pas Jean-Pierre Colignon d'écrire : « [Mais tel journal] a bien le droit, si sa rédaction en décide ainsi, de mettre constamment une ponctuation finale. »

78 Dans une date donnée tout en chiffres

Reisa Maris
27.6.2001

Pour mentionner une date dans les travaux ordinaires ou les documents administratifs, on écrit habituellement *27 juin 2001* (par exemple). Dans les tableaux, les horaires, les relevés, en revanche, on écrit *2001-06-27, 2001 06 27* ou *20010627*. L'emploi du point ne venant que compliquer les choses, sans doute tentera-t-on de le réserver à la correspondance privée, quand une date est hâtivement griffonnée sous une signature…

Remarque

Tous s'entendent sur un fait : on ne doit jamais glisser de barres obliques dans l'écriture d'une date.

79 Dans une référence bibliographique

FRÉCHETTE, José. *Le père de Lisa,* Montréal, Les Quinze, 1987, 107 p.

Dans toute référence bibliographique établie selon les recommandations du *Français au bureau,* on met un point après le prénom de l'auteur et à la toute fin.

Remarque

Dans une référence en bas de page, le prénom de l'auteur précède toujours son nom, lequel est séparé du titre par une virgule, et l'on indique, à la fin, la ou les pages consultées : 1. **José FRÉCHETTE,** *Le père de Lisa,* Montréal, Les Quinze, 1987, **p. 85.** — Dans le corps du texte, le renvoi à cette référence peut être un chiffre supérieur ou un astérisque.

80 Dans une énumération verticale

Objectifs visés par la compagnie :
1. Se faire connaître
   a) par des campagnes de publicité,
   b) par le parrainage d'événements culturels ou sportifs d'envergure,
   c) par de généreux dons à des œuvres de bienfaisance ;
2. Restructurer ses opérations ;
3. Se lancer à l'assaut du marché international.

Les principaux éléments d'une énumération verticale de quelque importance sont parfois précédés d'un chiffre romain et d'un point (parfois suivis d'une espace et d'un tiret), d'une majuscule et d'un point (parfois suivis d'une espace et d'un tiret) ou d'un chiffre arabe et d'un point (parfois suivis d'une espace et d'un tiret).

Remarque

Ces points ne peuvent être suivis que d'éléments commençant par une majuscule : sans doute est-il sage de les réserver aux énumérations dans lesquelles aucune expression introductrice ne forme un énoncé avec ce qui suit (voir § 121).

81 Dans une adresse URL ou une adresse de courrier électronique

http://www.bombardier.com
http://www.mdq.org
http://www.olf.gouv.qc.ca
bernard.tanguay@lr.cgocable.ca

Dans une adresse URL ou une adresse de courrier électronique, le point sert à détacher certains éléments capitaux.

82 Le point abréviatif

exemple .... ex.
confer .... *cf.*
téléphone .... tél.
page .... **p.**

Si la dernière lettre du mot ne termine pas l'abréviation, on met un point ; si elle la termine, en revanche, on ne met rien :

madame .... Mme
numéro .... n^o
quelqu'un .... qqn
boulevard .... bd

Remarque

On écrit *p.-d. g.* ou *pdg* — sans les points.

83 Le point abréviatif et les symboles

Fe
kg
$ CA

Que l'on ait affaire aux symboles chimiques, aux unités de mesure ou aux unités monétaires, presque tous les symboles s'écrivent sans point abréviatif.

Remarque

Dans *Le français au bureau,* il est écrit : « Le symbole du dollar canadien est **$ CA**. Dans les contextes où il faut trois positions après le symbole **$**, on peut employer **CAN**. Le symbole **$ CAN** est réservé à ces cas-là, et notamment en service international. »

84 Le point abréviatif en fin de phrase

Notre informateur le plus précieux est Raymond P. Il en sait long.

En fin d'énoncé, le point abréviatif tient lieu de point final.

85 Le point abréviatif en fin de phrase : cas particuliers

Jocelyne écrit qu'elle veut étudier « à l'U. de M. ».
Le championnat aurait lieu à l'U. de M. (qu'en penses-tu?).
Le championnat aurait lieu le 7 mai (à l'U. de M.).
La dictée fut donnée au grand auditorium de l'U. de M. [5].

En fin de phrase, quand un point abréviatif est suivi d'un guillemet fermant, d'une parenthèse, d'une parenthèse fermante ou d'un appel de note, on met un point final. Et, quoique les typographes s'y opposent, il semble raisonnable de mettre une espace insécable* entre un point abréviatif et des points de suspension — avis que partage l'auteur de *Un point, c'est tout!* :

Le championnat aurait lieu à l'U. de M. ... Le 7 mai.

86 Le point abréviatif et les sigles

La **CIA** rêvait d'assassiner Fidel Castro.
L'**ACDI** m'intéresse.

Il semble que l'on ne mette plus de points abréviatifs aux sigles ni aux acronymes. (En mettre n'est toutefois pas une erreur.)

87 Le point abréviatif et le souci de discrétion

À propos de fraude électorale, j'ai parlé à **H. C.**, mardi.

Les points abréviatifs nous évitent de donner un nom dans son entier et permettent ainsi une louable discrétion.

88 Règle typographique

Avant le point : rien ; il est collé au mot qui le précède, et il reste toujours dans la même face que lui : si ce mot est en gras ou en italique, le point l'est aussi — même quand un appel de note se glisse entre eux.

Après : une espace sécable* — sauf à l'intérieur de certaines abréviations : *B.A.* (*baccalauréat ès arts*), *M.A.* (*maîtrise ès arts*), **p.p.**[1] (*participe passé*)...

Remarque

Dans *Le français au bureau,* il est écrit : « L'usage dactylographique nord-américain, qui préconise deux espacements [après le point final], ne se justifie guère, mais il demeure admis. Il présente cependant l'inconvénient de créer de grands blancs dans certains textes justifiés et de faire commencer des lignes par un espacement. »

---

1. C'est l'abréviation courante. *Le français au bureau* préfère toutefois ***p. p.***

Chapitre 3
Le point-virgule

89 Entre des énoncés pareillement structurés

Pierre aime le poivre ; Paul le sel.
(= Pierre aime le poivre ; Paul [aime] le sel.)

Entre des énoncés pareillement structurés, le point-virgule est préférable au point (surtout quand le second verbe est sous-entendu)… et à la virgule (quand en outre un changement de thème* est mis en évidence par détachement — voir § 50) :

Woody Allen avait 56 ans ; la jeune femme qu'il épousait, 21.
(= Woody Allen avait 56 ans ; la jeune femme qu'il épousait, [elle, en avait] 21.)

Patrice aimait Marc ; Marc, Charles.

Remarque

Si le second verbe est sous-entendu et que l'on ne met qu'une virgule, entre de tels énoncés, c'est simplement que l'on choisit de ne pas mettre en évidence le changement de thème : *Mon père aime ton courage, ma mère ton sens de l'humour.* (Voir § 6.)

90 Entre des énoncés logiquement associés

Fausto Coppi mourut ; Gino Bartali, son rival de toujours, se rendit sur sa tombe, pleura comme un enfant, puis lui jura que jamais plus il n'enfourcherait un vélo.

Je la trouvais belle, drôle, adorable ; elle riait, émue ; nous étions amoureux.

Le point-virgule unit des énoncés grammaticalement complets mais logiquement associés, surtout s'ils sont virgulés (voir le paragraphe suivant).

91 Entre des segments virgulés de même rôle

Cette loi est censée faire peur à **ceux qui**, soucieux de s'empiffrer, ne rêvent que de voler leurs voisins; à **ceux qui**, détraqués, sont incessamment tentés de céder aux vices qui les hantent; à **ceux dont** la violence, hélas, les porte à frapper celles qu'ils disent aimer...

Quand un long énoncé est fait de segments virgulés de même rôle, on sépare ces segments par des points-virgules afin d'en faciliter la lecture.

92 Quand un point serait trop fort, une virgule trop faible

Jusque-là, je n'avais jamais aimé Spielberg; **mais** *La liste de Schindler,* je l'avoue...

Quand un point serait trop fort, une virgule trop faible, on met un point-virgule.

93 Entre les éléments d'une énumération

Objectifs visés par la compagnie :
1. Se faire connaître
   a) par des campagnes de publicité,
   b) par le parrainage d'événements culturels ou sportifs d'envergure,
   c) par de généreux dons à des œuvres de bienfaisance;
2. Restructurer ses opérations;
3. Se lancer à l'assaut du marché international.

Samedi, le participant devra
a) être muni de tout le nécessaire :
   — carte d'identité,
   — jeu d'échecs,
   — horloge;
b) jouer 40 coups en moins de deux heures trente;
c) signaler toute victoire aux responsables du tournoi.

Dès lors qu'il s'agit de découper un texte, le point-virgule détache les principaux éléments d'une énumération verticale — ou horizontale :

> À l'étude : les groupes compléments du verbe, du nom, de l'adjectif; les compléments de phrase, qu'ils soient en début ou en fin de phrase; les subordonnées enchâssées et adjointes.

94 Après le point-virgule : minuscule ou majuscule ?

> Cet ancien gérant des Dodgers de Los Angeles aurait dit : « Je ne veux pas devenir immortel en étant élu au Panthéon du baseball; je veux être immortel en ne mourant pas! »

Le point-virgule n'est pas suivi d'une majuscule — sauf si l'on a affaire à un nom propre, à un titre d'œuvre, à un proverbe… :

> Elle est sidatique; **Alain** a peur.
> *L'hiver de force,* c'est de Ducharme; *L'amélanchier,* de Ferron.

95 Règle typographique

Avant le point-virgule : rien — du moins jusqu'au jour béni où les logiciels de traitement de texte nous permettront d'utiliser enfin ce que les typographes appellent une espace « fine* ».

Après : une espace sécable*.

Remarque

La face du point-virgule est celle de l'énoncé auquel il appartient : *Fritz Brandtner est né en Allemagne; il n'arriva au Canada qu'en avril 1928.* — Elle a lu *Les belles-sœurs; Tit-Coq,* c'est moi qui l'ai lu.

Chapitre 4
Les points de suspension

96 À la fin d'une énumération ou d'un énoncé inachevés

Écoutez : on m'a demandé de vous casser les deux jambes, les deux bras, le dos, le cou, les dix doigts…, mais il est évident que si vous me proposiez deux fois plus d'argent…

Les points de suspension indiquent qu'une énumération ou un énoncé sont laissés inachevés.

97 Après *etc.*

Elle a parlé de ses idoles : le Mahatma Gandhi, Martin Luther King, Simone de Beauvoir, Nelson Mandela, **etc.**

Elle a parlé de ses idoles : le Mahatma Gandhi, Martin Luther King, Simone de Beauvoir, Nelson Mandela…

À la fin d'une énumération, on met *etc. ou* des points de suspension, et non les deux.

98 Les points de suspension et le souci de bienséance

Cet insolent personnage mérite un bon coup de pied au c…

Les points de suspension nous mettent à l'abri d'une certaine vulgarité.

99 Les points de suspension à la chaîne

Le cinéma était vide — ou presque. Au fond de la salle, avachis dans le noir, trois spectateurs semblaient sur le point de s'endormir.

Marie et moi sommes allés nous asseoir à l'avant. Une demi-heure plus tard, pendant la projection, ma main s'étant retrouvée entre ses cuisses nues, ...
....
....

Dans une œuvre littéraire, une chaîne plus ou moins longue de points de suspension signale que des personnages se livrent à des ébats sexuels que l'on n'entend pas évoquer avec précision.

100 Les points de suspension et le souci de discrétion

À propos d'impôts impayés, j'ai parlé à Hubert T..., mardi.

Les points de suspension permettent une louable discrétion.

Remarque

Dans *Le guide du rédacteur,* il est dit que l'on peut même n'utiliser qu'eux, sans quelque initiale que ce soit : *Il est amoureux de ... et désire vivre avec elle.*

101 *Mme X..., M. Z...*

Imaginons ceci : Mme X... accuse M. Z... de vol à l'étalage.

Quand on donne l'initiale d'un nom fictif, on se sert souvent des points de suspension.

102 *[...]*

Il est écrit, dans le Code de Hammourabi : « Si le feu a pris dans la maison d'un homme et si quelqu'un qui était venu pour l'éteindre [...] a pris un meuble du maître de maison, cet homme sera jeté dans ce feu. »

Il y est également écrit : « Si un maçon a construit une maison pour quelqu'un, mais [...] si la maison qu'il a construite s'est effondrée et s'il a fait mourir le propriétaire de la maison, ce maçon sera tué. »

On place des points de suspension entre crochets là où l'on supprime exprès certains mots d'une citation (voir § 214).

103 Pour rendre une réflexion, un sentiment, un état

Si tous les chemins mènent à Rome, aller à Pise ne doit pas être facile…
J'ai trop bu, je crois… Je vais être malade…

Les points de suspension indiquent que l'on réfléchit, ou que l'on est troublé.

104 Pour rendre l'hésitation d'un personnage

Je… je suis très timide. C'est à cause de **ma**… **de la**… C'est à cause de papa !

Dans un récit, les points de suspension indiquent l'hésitation d'un personnage.

105 Pour rendre le mutisme d'un personnage

« Qu'en penses-tu ? Suis-je aussi bête qu'on le dit ?
— … »

Dans un dialogue, employés seuls, les points de suspension rendent le mutisme d'un personnage qui refuse de parler ou est rongé par l'indécision, l'ignorance, la gêne, la honte…

106 Entre deux alinéas

18 septembre. — Luc Gagnon est mort. Une nouvelle comme un coup de bâton. Il se serait noyé à Madagascar. Un suicide, apparemment. Il traînait depuis toujours une de ces vieilles peines d'amour qui n'en finissent plus de finir.

...

Suis allé rue Drolet, chez Laurence. Curry, mah-jong, brandy, et le rire de Laurence, et ses yeux, ses mains toutes courtes, toutes belles. Son humour comme un bateau dans une bouteille.

Dois dormir. Il est tard. Trop tard.

Entre deux alinéas, les points de suspension indiquent que l'écriture du texte est interrompue[1].

107 Au début d'un alinéa

Il avait promis à Nadine que *tout* allait changer ; qu'il l'aimerait plus qu'avant ; qu'il l'aimerait, surtout, mieux ; qu'il n'y aurait plus de reproches inutiles, plus de temps perdu ; qu'elle ne le regretterait pas, etc.

... Rien ne changea. Le printemps fut décevant ; l'été, pénible. Ils se quittèrent fin septembre.

On met des points de suspension au début d'un alinéa pour indiquer qu'un certain temps s'est écoulé.

108 Avant un énoncé

Tu te rappelleras que M. Duguay, le père de Maurice, est un joueur de billard comme il ne s'en fait plus. (Son épouse, soit dit en passant, se porte mieux.) **... Eh bien,** je viens de le battre à plate couture ! Je me suis surpassée.

Pour marquer une pause avant d'amorcer un énoncé, on met des points de suspension (ou un tiret).

109 Pour mettre un terme en relief

Quand j'ai appris qu'il était le rédacteur en chef de ce journal, je lui ai dit : « Vous, je parie que vous êtes vraiment né**... dans une feuille de chou !** »

Le silence des points de suspension met un terme en relief.

---

1. Parfois, on a plutôt une ligne de points continus sur toute la largeur du texte.

110 Pour rendre une légère interrogation

« En cadeau d'anniversaire, **tu désires donc...**
— Tous les disques de Charlebois et un livre sur Ozias Leduc. »

Dans un dialogue, les points de suspension rendent une légère interrogation.

111 Pour marquer l'interruption et la reprise

« Chez toi, ce que j'admire le plus, sans blague, c'est...
— **... ma très grande modestie ?** »

Dans un dialogue, les points de suspension marquent l'interruption, puis la reprise du discours.

112 Après un point abréviatif

On a enfin obtenu des aveux du mystérieux Léon **G....** Tout n'est pas perdu.

Quoique les typographes s'y opposent, il semble raisonnable de mettre une espace insécable* entre un point abréviatif et des points de suspension — avis que partage l'auteur de *Un point, c'est tout !*

113 Les points de suite

Dans une table des matières ou un tableau, les points de suite (ou « de conduite », ou « conducteurs »...), placés après une espace, aident l'œil du lecteur à relier des éléments éloignés.

114 Pour indiquer qu'il faut tourner une page

...2
.../...
... verso

Pour indiquer qu'il faut tourner une page, on met habituellement dans son coin inférieur droit, en romain maigre, ...*2* (...*3,
...4,* etc.), ou deux séries de points de suspension de part et
d'autre d'une barre oblique ; et si le document dont il s'agit ne
court que sur les deux pages d'une même feuille, on met ... *verso.*

Remarque

À ... *verso* (que l'on écrit avec une espace après les points)
certains préfèrent *TSVP* (« Tournez, s'il vous plaît ») — également
en romain maigre.

115 Règle typographique

Avant les points de suspension : rien[1] ; ils sont collés au mot
qui les précède, et ils restent dans la même face que lui : si ce mot
est en gras ou en italique, les points de suspension le sont aussi
— même quand un appel de note se glisse entre lui et eux.

Après : une espace sécable* — sauf dans ...*2* (...*3,* ...*4,* etc.),
.../..., ou s'ils sont suivis d'une parenthèse ou d'un crochet
fermants, d'une virgule, d'un point-virgule, d'un point d'interrogation ou d'exclamation.

---

1. Sauf, comme on l'a vu, s'ils sont précédés d'un point abréviatif ou placés,
seuls, avant un énoncé. (Aussi, voir § 100, rem.)

Chapitre 5
Le deux-points

116 Pour annoncer un élément-vedette, un exemple, une analyse...

Il était une fois un peintre fabuleux : **Marc-Aurèle de Foy Suzor-Coté.**

Certains adjectifs sont invariables : *Elles étaient toutes sexy.*

Mon oncle s'est pendu : **il était fourbu, perdu, vidé ; le temps passait.**

Léonard de Vinci : **un être d'exception.**

Je n'aime ni son visage ni sa voix : **rien en lui ne me plaît.**

Ton beau-frère sur ce vélo-là : **un crapaud sur une boîte d'allumettes.**

Votre pointe sèche est superbe, rare, et j'ai les sous : **je l'achète.**

L'Université McGill m'a également acceptée : **j'ai décidé d'y étudier.**

Le deux-points annonce un élément-vedette, un exemple, une analyse, un jugement, une synthèse, une définition, une conclusion, une suite, etc. (pour ce qui regarde l'emploi de la majuscule après ce signe de ponctuation, voir § 127).

117 Avant les paroles rapportées d'un discours direct

Une vendeuse a dit : « **Ce soulier vous va comme un gant.** »
Jules Renard a écrit : « **Les maladies, les essayages de la mort.** »
Il cherchait des yeux la serveuse : « **J'ai une faim de loup.** »

Dans le système du discours direct, le deux-points annonce les paroles rapportées, qu'elles soient orales ou écrites, que l'expression introductrice inclue ou non un verbe de parole (pour ce qui regarde le point final et le guillemet fermant, voir § 132).

L'emploi du deux-points n'est toutefois pas obligatoire : *Elle ne cessait de me demander «Quand partons-nous?», et cela m'agaçait. — Le petit garçon se retourna, tout inquiet. «Vas-tu m'acheter un ballon?»*

Pour ce qui est de ce dernier exemple, le recours à un alinéa est alors fréquent.

118 Avant les répliques d'un dialogue de théâtre ou de cinéma

LE PREMIER PSYCHIATRE : **Bonjour, cher collègue. Comment vais-je?**
LE SECOND PSYCHIATRE, *ravi* : **À merveille!** (*Un temps.*) **Et moi?**

Dans une œuvre théâtrale ou un scénario, le deux-points annonce les répliques [1] (pour ce qui regarde l'emploi du tiret, voir § 181).

119 Dans le système du discours rapporté libre

Je souriais, mais il s'obstinait : Ce n'était pas juste! Je faisais exprès de l'humilier devant les autres. S'il y avait une justice, on me mettrait à la porte du collège. D'ailleurs, son père irait se plaindre au directeur...

Dans le système du discours rapporté libre (qui se passe de guillemets), le deux-points facilite parfois l'insertion des paroles — surtout orales. Mais son emploi n'est ni obligatoire ni très fréquent :

Je fronçais les sourcils. Elle, elle était au septième ciel. Il n'y avait pas de prof plus cool que moi! Elle m'avait toujours trouvé super. J'étais le plus fin, le plus savant [2]...

---

1. L'annexe 3 de *La ponctuation,* de Jacques Popin, ordonne à merveille les diverses façons de présenter ce genre de texte.
2. Cet exemple ainsi que le précédent présentent du discours indirect libre : le *je* y est continûment celui du narrateur.

Je me suis assis près du petit Bruno. Il a souri. **Sais-tu quoi ?** Hier, j'ai eu cinq ans ! **Ma mère, elle m'a acheté un jeu.** Veux-tu le voir[1] ?

Remarque

Si l'on choisit de mettre un deux-points, en pareilles circonstances, les paroles rapportées commencent tantôt par une majuscule tantôt par une minuscule. L'usage est hésitant.

120 Avant ou après une énumération

Nixon a tout perdu : **sa santé, son honneur et la présidence des États-Unis.**

Des timbres, de l'encre et six disquettes : voilà ce qu'elle a acheté.

On met un deux-points entre une énumération et son résumé.

Remarque

Dans un texte didactique, juridique ou administratif, il arrive toutefois que l'on passe outre à cette obligation du résumé ; on met alors un deux-points avant une énumération faite de groupes qui sont autant de sujets ou de compléments du verbe : *Étaient présents : Geneviève Brunet, Claude Lavoie, Danielle Odulinski et François Gibeau. — Ce chapitre étudiera : le discours rapporté direct, y compris le discours intérieur ; le discours rapporté indirect, sans oublier l'îlot textuel ; le discours rapporté libre, direct ou indirect.*

121 Avant une énumération verticale

Objectifs visés par la compagnie :
1. Se faire connaître
   a) par des campagnes de publicité,
   b) par le parrainage d'événements culturels ou sportifs d'envergure,
   c) par de généreux dons à des œuvres de bienfaisance ;

---

1. Ce dernier exemple présente du discours direct libre : le *je* y est d'abord celui du narrateur, puis celui du personnage.

2. Restructurer ses opérations ;
3. Se lancer à l'assaut du marché international.

On met un deux-points après l'expression introductrice d'une énumération verticale — sauf si l'on juge que cela interromprait un énoncé (mettre le signe n'est toutefois pas une erreur) :

Samedi, le participant devra
a) **être muni de tout le nécessaire :**
   — carte d'identité,
   — jeu d'échecs,
   — horloge ;
b) jouer 40 coups en moins de deux heures trente ;
c) signaler toute victoire aux responsables du tournoi.

122 Pour indiquer un lien de cause à effet, ou d'effet à cause

Les problèmes semblaient insurmontables : je renonçai.
Je renonçai : les problèmes semblaient insurmontables.

Entre deux énoncés, le deux-points peut indiquer un lien de cause à effet, ou d'effet à cause.

123 La répétition du deux-points

On a peur : on se terre, on s'arme, on guette : on a deux fois plus peur.

Presque tous condamnent la répétition du deux-points, mais si l'on juge que ce n'est pas fait aux dépens du lecteur, où est le mal ?

124 Après un point d'interrogation ou d'exclamation

Je pars en vacances ! : je suis épuisé.

Jacques Drillon écrit : « Les typographes interdisent au deux-points de suivre un point d'interrogation [ou d'exclamation] ; économie de signes, disent-ils. Oui, mais comment s'en passer ? :

telle est la question. » — Dans l'exemple ci-dessus, on ne part pas, sans l'épuisement. Sans le deux-points, le sait-on ?

125 Entre heures et minutes, entre minutes et secondes

```
France ........................................................ 08:36:34
États-Unis .................................................. 09:00:44
Suisse ........................................................ 10:02:59
```

Dans un tableau, un horaire, un relevé — tout document qui répond à des besoins techniques —, on met un deux-points entre heures et minutes, entre minutes et secondes.

126 Dans une référence bibliographique

COLIGNON, Jean-Pierre. *Un point, c'est tout ! : La ponctuation efficace,* Montréal, Boréal, 1993.

Dans toute référence bibliographique établie selon les recommandations du *Français au bureau,* on met un deux-points entre titre et sous-titre.

127 Après le deux-points : minuscule ou majuscule ?

Le renard n'était plus qu'à un jet de pierre : **le** coq avait la chair de poule.

Le deux-points n'est pas suivi d'une majuscule — sauf si l'on a affaire à un nom propre, à un titre ou sous-titre d'œuvre, à un proverbe [1], etc [2]. (pour ce qui regarde les paroles rapportées d'un discours libre, voir § 119, rem. 1) :

---

1. *Le Ramat de la typographie* conseille d'italiquer maximes, devises et proverbes. D'autres préfèrent guillemeter : *Comme dit le proverbe, « pierre qui roule n'amasse pas mousse ».*

2. Dans *Le français au bureau,* il est écrit que « dans une note de service, les diverses mentions (**DESTINATAIRE :, DATE :,** etc.) comportent […] un deux-points suivi d'une majuscule ».

Elle a dit : « Ce n'est pas faux, mais ce n'est pas vrai. »
Danny vient de découvrir une ville formidable : **Vancouver.**
Mon tableau préféré : *Laocoon,* du Greco.
Une maxime de La Rochefoucauld : *Qui vit sans folie n'est pas si sage qu'il croit.*
Louis XI avait une jolie devise : *Qui s'y frotte s'y pique.*
Elle aime ce proverbe : *Pierre qui roule n'amasse pas mousse.*
Objet : **Recouvrement** de la facture n° 56-293
Pièce jointe [1] : **Curriculum** vitæ

---

128 Règle typographique

Avant le deux-points : une espace insécable * — sauf dans un tableau, entre heures et minutes, entre minutes et secondes (voir § 125).

Après : une espace sécable *, à la même exception près.

Remarque

La face du deux-points est celle de l'énoncé auquel il appartient, ou celle des mots qui l'entourent immédiatement : *Ce dictionnaire est plus qu'utile : il est indispensable. — J'aimerais t'emprunter* Jackson Pollock : A Biography.

---

1. Si l'on utilise l'abréviation, le deux-points s'efface, et l'usage hésite sur l'emploi de la majuscule : *p. j. Curriculum vitæ* ou *p. j. curriculum vitæ.*

Chapitre 12
La barre oblique

225 Un symbole de division

Ce cycliste, qui cherche Val-David, se sert d'une carte au 1/50 000.

Aux Jeux olympiques, il termina à **18/100** de seconde du vainqueur.

Michael Schumacher roulait à plus de 325 **km/h**.

Au Bangladesh, il y avait alors 860 **hab./km²**.

La barre oblique est d'abord et avant tout un symbole de division.

226 *Et/ou*

Je me rendrai à Chicago **et/ou** à Detroit.

On écrit *et/ou* quand une alternative est inclusive, c'est-à-dire quand le cumul des possibilités est envisageable.

Remarque

Cette tournure est de préférence réservée aux textes techniques et scientifiques.

227 Pour rapprocher ou opposer deux termes

entrée/sortie
proofreading / correction d'épreuves
La relation **mère/fille** n'est pas la plus simple.

La barre oblique rapproche ou oppose deux termes.

Remarques

1. Nombreux sont ceux qui estiment que cet emploi de la barre oblique est réservé à des domaines spécialisés.

2. Dans *Le Ramat de la typographie*, il est écrit que des espaces précèdent et suivent la barre oblique dès lors que l'un des termes est composé de plusieurs mots.

3. *Le guide du rédacteur* conseille plutôt l'emploi du trait d'union quand on écrit *les relations **employeur-employé**, la guerre Inde-Pakistan...*

228 Pour présenter les éléments d'un ensemble

Voici les formes du déterminant démonstratif : *ce/cet/cette/ces*.

Dans un ouvrage de linguistique, la barre oblique permet de présenter les éléments d'un ensemble.

229 Pour noter de la poésie « au long »

« elle avait la peau en peau de renard / et c'était bien doux / trop peut-être, / mais c'était si lisse que j'ai glissé / ma main sous la peau de renard / et j'ai trouvé une femme en dessous / et ses dessous ont glissé / elle était nue déjà. / et c'était bien doux / si doux qu'on aurait juré / sa peau de renard / on aurait juré qu'elle l'avait gardée » (Gleason Théberge, sans titre.)

Si l'on note de la poésie « au long » (tout en conservant scrupuleusement les majuscules, les minuscules et la ponctuation du texte), la barre oblique signale le passage d'un vers à un autre.

230 Dans une adresse URL

http://www.olf.gouv.qc.ca/charte/clflgtrav.html#travail

Dans une adresse URL, après les trois *w,* la barre oblique indique un sous-répertoire du serveur Web.

231 Dans des abréviations de la correspondance d'affaires

N/Référence : Facture n° 1229
V/Référence : 185-44-AB

Dans *Le français au bureau,* il est écrit : « Les références servent à faciliter le classement et la consultation du courrier, mais elles ne sont pas essentielles pour tous les types de lettres. Il s'agit généralement d'un groupe de lettres et de chiffres. La mention **Votre référence,** qu'on abrège en **V/Référence, V/Réf.** ou **V/R,** est suivie du numéro ou du code de dossier attribué par le ou la destinataire. **Votre lettre du,** qu'on abrège en **V/Lettre du,** renvoie à la lettre à laquelle on répond. **Notre référence,** qu'on abrège en **N/Référence, N/Réf.** ou **N/R,** indique le numéro que l'expéditeur ou l'expéditrice a attribué au dossier [...]. »

Remarques

1. Quand on confie à un tiers le soin de remettre une lettre à son destinataire, on écrit dans la suscription, sous le nom de ce dernier, la mention *Aux bons soins de...* ou *Aux soins de...,* souvent abrégée en *a/s de...* Mais cette pratique, réservée à la correspondance privée, n'a presque plus cours.

2. Autres abréviations utilisant la barre oblique dans la correspondance d'affaires : *B/* (*billet à ordre*), *B/B* (*billet de banque*), *l/cr* (*lettre de crédit*), *n/c* (*notre compte*), *o/* (*ordre de*), *v/c* (*votre compte*).

232 Pour séparer les initiales d'identification

NG/bt

Dans *Le français au bureau,* il est écrit que les initiales d'identification « permettent, si on le juge utile, de savoir qui a rédigé et qui a tapé la lettre. Elles se mettent à gauche au bas de la page, sur la ligne où on inscrit le nom du ou de la signataire. Comme il s'agit de codes, elles ne comportent ni espaces, ni points, ni traits d'union, même dans le cas de prénoms ou de patronymes composés. Les initiales de la personne qui a rédigé la lettre, qui est généralement aussi le ou la signataire, sont indiquées par convention en lettres majuscules et, pour faciliter le repérage, celles du ou de la secrétaire sont écrites en lettres minuscules ; les groupes d'initiales sont séparés par un trait oblique ».

233 Pour indiquer qu'il faut tourner une page

.../...

Pour indiquer qu'il faut tourner une page, on met dans son coin inférieur droit deux séries de points de suspension de part et d'autre d'une barre oblique.

Remarque

Nombreux sont ceux qui préfèrent mettre, en romain maigre, ...2 (...3, ...4, etc.) ; et si le document dont il s'agit ne court que sur les deux pages d'une même feuille, ... *verso,* ou *TSVP* (« Tournez, s'il vous plaît ») — également en romain maigre.

234 Pour préciser l'ordre des pages

3/7

Pour préciser l'ordre des pages de certains documents, on inscrit deux nombres dans le coin inférieur droit de chacune d'entre elles, de part et d'autre d'une barre oblique.

Remarque

Certains préfèrent écrire *3 de 7.* Également en romain maigre.

235 Pour renseigner sur le tirage d'une gravure

Le lit 2/5   Dumouchel 1969

Sous une gravure, juste après le titre, si l'artiste a écrit *2/5*, c'est qu'il s'agit de la deuxième épreuve d'un tirage qui en compte cinq.

236 Règle typographique

Si l'on note de la poésie «au long», la barre oblique est précédée et suivie d'une espace sécable *.

Quand elle relie simplement deux termes, elle est collée aux deux — sauf si l'un de ces termes est composé de plusieurs mots : *proofreading / correction d'épreuves.*

Chapitre 13
L'astérisque

237 Un appel de note

Jöns Jacob Berzelius ★ découvrit le **sélénium** ★★ et le **thorium** ★★★.

Surtout dans les travaux scientifiques, où les chiffres arabes supérieurs risqueraient d'être confondus avec des exposants, l'astérisque renvoie, au bas de la page, à une note de l'auteur[1].

Remarques

1. Cette note est parfois ce que l'on appelle une « référence en bas de page » (voir § 70, rem.).

2. Les autres appels de note possibles, tels que suggérés par le *Dictionnaire des règles typographiques,* et surtout s'il y a de nombreuses notes, sont des chiffres supérieurs sans parenthèses[6], des chiffres supérieurs entre parenthèses[(6)], des chiffres du corps du texte entre parenthèses (6), des minuscules supérieures sans parenthèses[a], des minuscules supérieures entre parenthèses[(a)], des minuscules en italique entre parenthèses (*a*).

3. Aurel Ramat écrit : « L'appel de note se place toujours avant la ponctuation, qu'il se rapporte au mot qui précède ou à la phrase. Le point abréviatif reste toujours collé à l'abréviation [...]. L'appel de note est détaché du mot qui le précède par une espace fine si le logiciel le permet, sinon il est collé au mot. »

---

1. Il est écrit, dans le *Lexique des règles typographiques en usage à l'Imprimerie nationale* : « C'est sans doute le plus esthétique des appels de note quand il est simple ou double, mais on ne peut l'utiliser au-delà du triple dans une page. »

238 Un renvoi à une entrée

Pour bien virguler cette phrase, il faut repérer le **foyer d'information**★.

Dans un dictionnaire, un lexique, une grammaire…, l'astérisque renvoie à une entrée.

239 L'astérisque et le souci de discrétion

À propos d'espionnage industriel, j'ai parlé à Hubert C★★★.

L'astérisque (simple, double ou — habituellement — triple) permet une louable discrétion.

Remarque

L'emploi de l'initiale est facultatif. Et d'aucuns aiment que chaque astérisque compte pour une syllabe (par exemple, *Catherine Beaudin* devient *Catherine B★★*).

240 Avant un énoncé asyntaxique

★À Trois-Pistoles Anne-Marie est allée de Québec.

Dans une grammaire, on indique qu'un énoncé est asyntaxique en le faisant précéder d'un astérisque.

241 Avant un *h* aspiré

★HERNIE n.f. (lat. *hernia*)

Dans *Le Petit Larousse,* par exemple, l'astérisque placé avant un mot commençant par un *h* indique que ce *h* est aspiré.

242 Règle typographique

Avant l'astérisque : quand l'astérisque est un appel de note (en romain maigre), il est sage de ne laisser aucune espace — du moins jusqu'au jour béni où les logiciels de traitement de texte nous permettront d'utiliser enfin ce que les typographes appellent une espace «fine*».

Cela dit, si deux ou trois astérisques se suivent (comme dans *Hubert C****), aucune espace ne se glisse entre eux.

Après : une espace sécable* — sauf si l'astérisque précède, dans un dictionnaire, un mot commençant par un *h* aspiré, ou dans une grammaire, un énoncé asyntaxique.

Bibliographie

L'art de conjuguer : dictionnaire de 12 000 verbes, nouv. éd., Montréal, Hurtubise HMH, 1998, [s. p.] (Collection Bescherelle).

Lexique des règles typographiques en usage à l'Imprimerie nationale, 3ᵉ éd., Paris, Imprimerie nationale, 1993, 197 p.

BUREAU DE LA TRADUCTION. *Le guide du rédacteur,* 2ᵉ éd., Ottawa, Travaux publics et Services gouvernementaux Canada, 2000, 319 p.

CATACH, Nina. *La ponctuation,* Paris, Presses universitaires de France, 1994, 127 p. (Collection Que sais-je ?).

CHARTRAND, Suzanne-G., et autres. *Grammaire pédagogique du français d'aujourd'hui,* Montréal, Graficor, 1999, 397 p.

COLIGNON, Jean-Pierre. *Un point, c'est tout ! : La ponctuation efficace,* Montréal, Les Éditions du Boréal, 1993, 119 p.

DOPPAGNE, Albert. *La bonne ponctuation : clarté, précision, efficacité de vos phrases,* 2ᵉ éd. revue, Paris, Duculot, 1993, 112 p. (Collection L'esprit des mots).

DRILLON, Jacques. *Traité de la ponctuation française,* Paris, Gallimard, 1991, 472 p.

GENEVAY, Éric. *Ouvrir la grammaire,* Montréal, Chenelière/L.E.P., 1999, 274 p.

GREVISSE, Maurice. *Le bon usage : grammaire française,* 13ᵉ éd. rev. et ref. par André Goosse, Paris–Louvain-la-Neuve, Éditions Duculot, 1993, 1762 p.

GUÉRY, Louis. *Dictionnaire des règles typographiques,* Paris, CFPJ, 2000, 283 p.

GUILLOTON, Noëlle, et Hélène CAJOLET-LAGANIÈRE. *Le français au bureau,* 5ᵉ éd., Office de la langue française, Sainte-Foy, Les Publications du Québec, 2000, 503 p.

HANSE, Joseph. *Nouveau dictionnaire des difficultés du français moderne,* 3ᵉ éd. établie d'après les notes de l'auteur avec la collaboration scientifique de Daniel Blampain, Paris-Gembloux, Éditions Duculot, 1994, 983 p.

JACQUENOD, Raymond. *La ponctuation maîtrisée,* Paris, Marabout, 1993, 317 p.

MALO, Marie. *Guide de la communication écrite,* Montréal, Québec Amérique, 1996, 322 p.

PÉCHOIN, Daniel, et Bernard DAUPHIN. *Dictionnaire des difficultés du français d'aujourd'hui,* Paris, Larousse-Bordas, 1998, 659 p. (Collection Expression).

POPIN, Jacques. *La ponctuation,* Paris, Nathan-Université, 1998, 127 p. (Collection Linguistique).

RAMAT, Aurel. *Le Ramat de la typographie,* 5ᵉ éd., Saint-Lambert, Aurel Ramat éditeur, 2000, 224 p.

THOMAS, Adolphe. *Dictionnaire des difficultés de la langue française,* Paris, Larousse, 1993, 435 p.

VILLERS, Marie-Éva de. *Multidictionnaire de la langue française,* 3ᵉ éd., Montréal, Québec Amérique, 1997, 1533 p.

Index

Les numéros renvoient non aux pages mais aux différents paragraphes.
Les numéros des paragraphes les plus importants sont en caractères gras.

N. B. — Les appellations sont tantôt celles de la grammaire traditionnelle tantôt celles des grammaires nouvelles.

AGMV Marquis

MEMBRE DU GROUPE SCABRINI

Québec, Canada
2000

Chapitre 9
Le point d'interrogation

189 À la fin de la phrase de type interrogatif

Est-ce que vous habitez chez vos parents ?
Qu'est-ce que tu gribouilles ?
Quelles épices achèteras-tu ?
Que fait cette fauvette masquée ?
As-tu ma note d'honoraires ?
Michel est-il blessé ?
J'étais allé, **t'en souviens-tu ?** chez Bruno, à La Tuque.

On met un point d'interrogation à la fin de toute phrase de type interrogatif * — sauf s'il s'agit d'une question de pure forme (voir § 203), d'une incitation à agir, d'une subordonnée hypothétique (voir § 63), d'une incidente ou d'une incise (voir § 32) :

Qui sait ! Il n'a peut-être pas rempli le formulaire.
Voulez-vous relire ce testament, maître, mais plus lentement.
Grognait-il, tous les enfants couraient se cacher.
Cette voisine me disputait-elle, que j'en pleurais.
Nous aurons, **paraît-il,** un invité de marque.
« Et ce canari protégeait les mineurs », **dit-elle.**

Remarque

Certains préfèrent *J'étais allé, **t'en souviens-tu ?**, chez Bruno, à La Tuque.* Dans *Le bon usage,* André Goosse écrit : « Selon une tendance récente, certains auteurs (ou imprimeurs) doublent d'une virgule ce point [...] d'interrogation. »

190 À la fin de la phrase de type déclaratif

> On continue ? On arrête ?
> **Tu me donnes ton indicatif régional ?**
> Les côtes-du-rhône, **tu te rappelles ?** étaient délicieux.

La phrase de type déclaratif * comportant un point d'interrogation réalise une demande d'information, une incitation à agir, une demande de confirmation… À l'oral, l'intonation entre en jeu.

Remarques

1. Certaines phrases ne sont faites que d'un mot : *Simon ? Il dort. — Allô ?*

2. Certains préfèrent *Les côtes-du-rhône, **tu te rappelles ?**, étaient délicieux.* Dans *Le bon usage*, André Goosse écrit : « Selon une tendance récente, certains auteurs (ou imprimeurs) doublent d'une virgule ce point […] d'interrogation. »

191 À la fin de la phrase de type impératif

> **Avoue-le donc, que tu t'es trompé ?**

La phrase de type impératif * comportant un point d'interrogation correspond à une incitation à agir qui est presque une question globale, c'est-à-dire que l'on serait tenté d'y répondre par oui ou par non. À l'oral, l'intonation entre en jeu.

192 À la fin de l'hypothétique qui est une incitation à agir

> Me voilà enfin prêt ! Si on y allait ?
> **Et si vous me remboursiez d'abord ce que vous me devez ?**

On met un point d'interrogation à la fin de l'hypothétique qui est une incitation, une invitation à agir.

193 Après *vois-tu, sais-tu, comprends-tu, n'est-ce pas...*

> **Vois-tu,** il n'est nul ciel si bleu qu'il ne se couvre à la fin.
> Ce soir, **sais-tu,** j'ai le goût d'aller au cinéma.
> L'été dernier, **comprends-tu,** ma compagne m'a quitté.
> Ce que j'aime plus que tout, **n'est-ce pas,** c'est relire *L'avalée des avalés.*

À la fin de la phrase de type interrogatif * qui n'est qu'une formule toute faite, dont le seul but est de maintenir la communication, on met une virgule, et non un point d'interrogation.

194 Avec des questions coup sur coup

> Rentres-tu chez toi ? **Pourquoi ?**
> Ne doit-il pas faire le ménage ? **le** lavage ? **la** vaisselle ?
> Ne doit-il pas faire le ménage, **le** lavage, **la** vaisselle ?
> Ici, je mets un point-virgule, **ou** un point ?

Avec des questions coup sur coup, de deux choses l'une : ou l'on attend autant de réponses qu'il y a de questions, ou l'on n'en attend qu'une. — Dans le premier cas, on met autant de points d'interrogation et de majuscules que nécessaire ; dans le second, autant de points d'interrogation *ou de virgules* que nécessaire, mais aucune nouvelle majuscule.

Remarque

Ici, je mets un point-virgule ou un point ? signifierait « Je mets l'un des deux signes, indifféremment ? ». Trop peu de gens saisissent l'importance, en pareilles circonstances, d'une ponctuation précise. — Cela dit, si aucune ambiguïté n'est possible, il est certes naturel d'adopter la solution la plus simple : *Tu te décides, oui ou non ?* — *Quel œil a-t-il perdu ? Le gauche ou le droit ?*

195 Pour exprimer un doute ou marquer l'ellipse d'une question

Jean Poton (?-1461), compagnon de Jeanne d'Arc, était un homme de guerre.

Ce tableau est un Pieter Bruegel l'Ancien (1525?-1569).

L'éruption eut lieu, si je ne m'abuse, le 24 août (?) 79.

Je me demande si tu me crois?

Le point d'interrogation exprime l'ignorance, un doute; ou alors, qu'il soit entre parenthèses ou non, il marque l'ellipse d'une question.

196 Double ou triple

Quelqu'un avait kidnappé le bébé des Lindbergh??

Pour amplifier la puissance d'une question, on peut doubler ou tripler le point d'interrogation.

197 Employé seul

« Ne sais-tu pas que la patronne songe à te congédier !
— ?? »

Dans un dialogue, le point d'interrogation, employé seul (qu'il soit simple, double ou triple), permet d'exprimer l'incertitude d'un personnage, ou son incrédulité, sa stupéfaction, son ignorance, son angoisse…

198 Couplé au point d'exclamation

Tu crois vraiment avoir deviné quel cadeau je vais t'offrir?!

Vous dites qu'il a volé les bijoux de sa propre grand-mère!?

Quand l'acte de parole* réalisé par l'énoncé est à la fois une demande de confirmation et l'expression d'une vive émotion, il arrive que l'on mette et un point d'interrogation et un point d'exclamation — dans l'ordre jugé le plus expressif.

199 Avant le guillemet fermant, ou après ?

> Elle mit leur mémoire à l'épreuve : « **Gutenberg et sa Bible, c'est vers 1455 ?** »
>
> Je lui demandai : « **Tu ne me crois pas ?** », puis il y eut un silence de mort.

Dans le système du discours direct, si les paroles rapportées se terminent par un point d'interrogation, on met le guillemet fermant *après* ce point d'interrogation. Le point d'interrogation hors guillemets est celui d'une expression introductrice réalisant une demande d'information :

> **Est-ce Sartre qui a écrit : « L'enfer, c'est les autres » ?**

200 Règle typographique

Avant le point d'interrogation : sans doute est-il sage de ne laisser aucune espace — du moins jusqu'au jour béni où les logiciels de traitement de texte nous permettront d'utiliser enfin ce que les typographes appellent une espace « fine * ».

Après : une espace sécable * — sauf s'il est suivi d'une virgule, d'une parenthèse ou d'un crochet fermants, de points de suspension, d'un point d'exclamation…

Remarque

Le point d'interrogation porte soit sur le ou les mots qui le précèdent immédiatement, soit sur le reste de l'énoncé. Il se met donc dans la face correspondante : « *Madeleine s'en va au cinéma. On y projette* **Paris brûle-t-il ?** — *Es-tu sûr que ce n'est pas plutôt* Le déclin de l'empire américain *?* »

Chapitre 10
Le point d'exclamation

201 À la fin de la phrase de type exclamatif

Comme cette histoire est édifiante !
Que tu es lent !
Quel idiot je fais !

À la fin de la phrase de type exclamatif *, on met un point d'exclamation.

202 À la fin de la phrase de type déclaratif ou impératif

On m'a volé mon acte de naissance !
Elle était alors, je me le rappelle ! à Tadoussac.
Redonne-les-moi !
Que soient maudits tes enfants et les enfants de tes enfants !

À la fin de la phrase de type déclaratif * ou impératif *, on ne met un point d'exclamation que si l'on veut rendre le haut degré, l'intensité d'une appréciation, une vive émotion, une intonation forte.

Remarques

1. Certaines phrases ne sont faites que d'un mot : *Traître ! Tu ne perds rien pour attendre.*

2. Certains préfèrent *Elle était alors, **je me le rappelle !**, à Tadoussac.* Dans *Le bon usage*, André Goosse écrit : « Selon une tendance récente, certains auteurs (ou imprimeurs) doublent d'une virgule ce point d'exclamation […]. »

203 À la fin de la phrase de type interrogatif

Que veux-tu! C'est un ami… Que dis-je! C'est mon *meilleur* ami. À quoi bon lui en vouloir!… Qui sait! Il ne l'a peut-être pas fait exprès.

À la fin de la phrase de type interrogatif *, le point d'exclamation remplace le point d'interrogation lorsque la question, de pure forme, n'appelle pas de réponse.

204 Après une interjection en début d'énoncé

Bof! ce n'est tout de même pas la mer à boire.
Ah! c'est toi?

En début d'énoncé, pour détacher une interjection ou une locution interjective, une tradition faiblissante veut que l'on mette un point d'exclamation suivi d'une minuscule; mais on peut préférer une virgule et une minuscule, ou un point d'exclamation et une majuscule :

Oh, que tu as l'esprit tordu!
Ah non! Pas encore du brocoli…

Remarque

On ne sépare pas les différents éléments d'une locution interjective : *Eh bien! Nous ne nous attendions vraiment pas à cela. — Oh oui! Tu peux compter sur moi… — Non mais! Pour qui vous prenez-vous! — Oh oh! — Ah la la! Quelle histoire!*

205 Après une interjection ailleurs qu'en début d'énoncé

C'est raté, flûte!
Ça ne marche plus, zut de zut!
Si elle refuse, ma foi! ce ne sera pas la fin du monde.

En fin d'énoncé, après une interjection ou une locution interjective, il est naturel de mettre un point d'exclamation dès lors que l'on veut rendre une vive émotion, une intonation forte. Au cœur de l'énoncé, en mettre un est toujours possible, mais une ponctuation moins problématique consiste à mettre deux virgules (voir § 37) :

S'il ne veut pas comprendre, **eh bien,** envoie-le paître.

Remarque

Pour ce qui est du troisième exemple, certains préfèrent *Si elle refuse, **ma foi!**, ce ne sera pas la fin du monde.* Dans *Le bon usage*, André Goosse écrit : « Selon une tendance récente, certains auteurs (ou imprimeurs) doublent d'une virgule ce point d'exclamation […]. »

206 Pour exprimer une émotion passagère

Hier, tout à fait par hasard, j'ai revu Nathalie (!). Nous avons échangé des banalités, comme si de rien n'était, et mon cœur cognait tellement fort que j'ai cru ma dernière heure venue.
Je pense que je suis ruiné… !

Le point d'exclamation, qu'il soit entre parenthèses ou placé après des points de suspension, exprime une émotion soudaine, que l'on garde presque pour soi.

207 Pour rendre l'ironie

Ma maison a été cambriolée?… Mais voilà qui est inespéré! Quelle bonne nouvelle! Comme j'ai hâte d'annoncer la chose à mon épouse et aux enfants!

Le point d'exclamation permet d'exprimer l'ironie.

208 Double ou triple

Tais-toi. Tu mens!!

Pour amplifier l'expression d'une vive émotion, on peut doubler ou tripler le point d'exclamation.

209 Employé seul

« J'ai emprunté ton auto, papa, et... Au fait, où sont tes calmants?

— !!!»

Dans un dialogue, le point d'exclamation, employé seul (qu'il soit simple, double ou triple), exprime l'étonnement d'un personnage, ou sa désapprobation, son irritation, sa colère — bref, une espèce de survoltage.

210 Couplé au point d'interrogation

Tu crois vraiment avoir deviné quel cadeau je vais t'offrir?!
Vous dites qu'il a volé les bijoux de sa propre grand-mère!?

Quand l'acte de parole * réalisé par l'énoncé est à la fois une demande de confirmation et l'expression d'une vive émotion, il arrive que l'on mette et un point d'interrogation et un point d'exclamation — dans l'ordre jugé le plus expressif.

211 Avant le guillemet fermant, ou après ?

Landau a dit : « À quoi le talent ressemble-t-il?... Si vous le mettez dans une bouteille de Coca-Cola, **il ressemble à du Coca-Cola!**», et il a raison.
Elle était emballée : « J'adore Dany Laferrière!»

Dans le système du discours direct, si les paroles rapportées se terminent par un point d'exclamation, on met le guillemet fermant *après* ce point d'exclamation. Le point d'exclamation hors guillemets est celui d'une expression introductrice exprimant le haut degré, l'intensité d'une appréciation, une vive émotion, une intonation forte :

> **Elle nous a dit** : « Dieu est une mangue mûre » !
> (= Elle nous a dit quelque chose d'étonnant !)

212 Règle typographique

Avant le point d'exclamation : sans doute est-il sage de ne laisser aucune espace — du moins jusqu'au jour béni où les logiciels de traitement de texte nous permettront d'utiliser enfin ce que les typographes appellent une espace « fine * ».

Après : une espace sécable * — sauf s'il est suivi d'une virgule, d'une parenthèse ou d'un crochet fermants, de points de suspension, d'un point d'interrogation…

Remarque

Le point d'exclamation porte soit sur le ou les mots qui le précèdent immédiatement, soit sur le reste de l'énoncé. Il se met donc dans la face correspondante : *Tu me prêteras* **Un point, c'est tout** ! *Je te prêterai* L'art de ponctuer. — ***Quel film étrange,*** Huit et demi ! *C'est de Fellini ?*

Chapitre 11
Les crochets[1]

213 Pour signaler certaines particularités d'un manuscrit

> J[ean] L[ipp] fut pendu le 2 oct[obre 19]33.
> Hier, j'ai bien failli [**illisible**].
> J'y ai rendu visite à Mlle [**blanc**].
> Ce fut mon *baptême du feu* [**en français dans le texte**].

Dans un texte publié posthumément (un journal intime, par exemple), quand le manuscrit comporte des abréviations peu commodes, quand il faut signaler quelque problème de déchiffrement, de lecture…, ou dans un texte traduit, l'éditeur utilise les crochets pour communiquer au lecteur toute information opportune.

Remarque

Pour ce qui regarde la mention *en français dans le texte,* on peut aussi en faire une note.

214 *[...]*

> Chamberland a écrit : « [...] je procède par rigoureux *devoir* de Poésie et [...] je me confie au seul jugement de la Poésie. »

> Chamberland a écrit : « Il ne sera pas inutile de préciser [...] que je procède par rigoureux *devoir* de Poésie [...]. »

---

1. Jacques Drillon, Raymond Jacquenod et votre humble serviteur proposent que les crochets soient à l'usage exclusif, autant que faire se peut, de toute personne qui pénètre « par effraction » dans le texte d'une autre. Cela dit, si jamais Mlle X… finit par publier le journal intime qu'elle a écrit vingt ans plus tôt, rien ne l'empêche, bien sûr, de le commenter entre crochets.

[ ]

Chamberland a écrit : « Il ne sera pas inutile de préciser, à l'intention de certains de mes "confrères", […] que je me confie au seul jugement de la Poésie. »

On place des points de suspension entre crochets là où l'on supprime certains mots d'un texte que l'on cite — en conservant scrupuleusement, avant et après ces crochets, la ponctuation ainsi que les majuscules et les minuscules du texte.

Remarque

Ces crochets et ces points de suspension sont en italique si la citation est elle-même en italique.

215 Pour reformuler un îlot textuel

Cher Bernard Tanguay, on ne vous regarde plus que la tête renversée, et le cou cassé par l'admiration.

Bonenfant,
brute

Dans le système du discours rapporté indirect, on se sert des crochets pour reformuler un îlot textuel :

Quand il m'a écrit, pour mon 44e anniversaire, qu'il était une brute et que l'« on ne [**me**] regard[**ait**] plus que la tête renversée, et le cou cassé par l'admiration », Bonenfant n'a-t-il pas exagéré un tantinet ?

216 Pour apporter une correction à des paroles rapportées

À propos de la règle typographique qui interdit le deux-points après les points d'exclamation ou d'interrogation, cet expert écrit : « Il ne faut pas hésiter à passer outre [**à**] cette règle mal fondée. »

Dans le système du discours direct, on se sert des crochets pour discrètement corriger toute faute se trouvant dans les paroles rapportées — si elles sont écrites.

217 Pour rendre claires des paroles rapportées

Un pisse-vinaigre a alors écrit ceci : « Cet automne, l'une de nos meilleures actrices [**Pascale Bussières**], que je ne nommerai pas, est la vedette de tant de films que c'en est carrément ennuyeux. »

Dans le système du discours direct, on se sert des crochets pour rendre claires les paroles rapportées.

218 Pour commenter des paroles rapportées

Dans *L'affamée,* Violette Leduc écrivait : « Mon visage est un abat-jour invendable [**plus tard, elle s'est fait refaire le nez**], mais je n'ai pas d'arrière-boutique pour le dissimuler. »

Dans le système du discours direct, on se sert des crochets pour commenter les paroles rapportées.

219 [*sic*]

Il est écrit, dans le Code de Hammourabi : « Si l'épouse d'un homme, à cause d'un autre mâle, a fait tuer son mari, cette femme, on l'empalera [*sic*]. »

Si l'on craint qu'un texte que l'on cite ne provoque l'incrédulité du lecteur, on met l'adverbe latin *sic*[1] entre crochets tout juste après le ou les mots critiques (pour ce qui regarde l'emploi de *sic* entre parenthèses, voir § 162).

220 Quand un vers est trop long

Je n'arrive plus à fermer l'œil.
J'ai le corps qui joue à pile ou face,
et la cervelle comme un cheval qui se serait
                        [échappé du corral…

---

1.   *Sic* signifie « ainsi ».

Quand un vers est trop long pour tenir sur une seule ligne, un crochet ouvrant guide le ou les mots en trop — au-dessous ou au-dessus.

221 Pour donner la prononciation

Le mot *six* se prononce ainsi : [sis].

Pour donner la prononciation d'un mot en alphabet phonétique, on utilise les crochets.

222 Dans une référence bibliographique

CLÉMENT, Marielle. *Maude et moi,* [s. l.], Les Éditions du Cèdre, [s. d.], 405 p.

WOLFE, Johanne. *Madame Loup déballe son sac,* Sainte-Julienne, CQFD, 2000, [s. p.].

Dans toute référence bibliographique établie selon les recommandations du *Français au bureau,* les crochets indiquent que le lieu, la date ou le nombre de pages ne sont pas mentionnés.

223 Règle typographique : le crochet ouvrant

Avant : une espace sécable* — sauf dans *G[illes] D[ion].* (Voir § 213.)

Après : rien.

224 Règle typographique : le crochet fermant

Avant : rien.

Après : une espace sécable — sauf dans *le 3 oct[obre 17]56.* (Voir § 213.)

Remarque

Les crochets sont dans la même face que le texte auquel ils appartiennent.

Chapitre 12
La barre oblique

225 Un symbole de division

Ce cycliste, qui cherche Val-David, se sert d'une carte au 1/50 000.

Aux Jeux olympiques, il termina à 18/100 de seconde du vainqueur.

Michael Schumacher roulait à plus de 325 **km/h**.

Au Bangladesh, il y avait alors 860 **hab./km²**.

La barre oblique est d'abord et avant tout un symbole de division.

226 *Et/ou*

Je me rendrai à Chicago **et/ou** à Detroit.

On écrit *et/ou* quand une alternative est inclusive, c'est-à-dire quand le cumul des possibilités est envisageable.

Remarque

Cette tournure est de préférence réservée aux textes techniques et scientifiques.

227 Pour rapprocher ou opposer deux termes

entrée/sortie
proofreading / correction d'épreuves
La relation **mère/fille** n'est pas la plus simple.

La barre oblique rapproche ou oppose deux termes.

Remarques

1. Nombreux sont ceux qui estiment que cet emploi de la barre oblique est réservé à des domaines spécialisés.

2. Dans *Le Ramat de la typographie,* il est écrit que des espaces précèdent et suivent la barre oblique dès lors que l'un des termes est composé de plusieurs mots.

3. *Le guide du rédacteur* conseille plutôt l'emploi du trait d'union quand on écrit *les relations* **employeur-employé,** *la guerre* **Inde-Pakistan...**

228 Pour présenter les éléments d'un ensemble

Voici les formes du déterminant démonstratif : *ce/cet/cette/ces.*

Dans un ouvrage de linguistique, la barre oblique permet de présenter les éléments d'un ensemble.

229 Pour noter de la poésie « au long »

« elle avait la peau en peau de renard / et c'était bien doux / trop peut-être, / mais c'était si lisse que j'ai glissé / ma main sous la peau de renard / et j'ai trouvé une femme en dessous / et ses dessous ont glissé / elle était nue déjà. / et c'était bien doux / si doux qu'on aurait juré / sa peau de renard / on aurait juré qu'elle l'avait gardée » (Gleason Théberge, sans titre.)

Si l'on note de la poésie « au long » (tout en conservant scrupuleusement les majuscules, les minuscules et la ponctuation du texte), la barre oblique signale le passage d'un vers à un autre.

230 Dans une adresse URL

http://www.olf.gouv.qc.ca/charte/clflgtrav.html#travail

Dans une adresse URL, après les trois *w,* la barre oblique indique un sous-répertoire du serveur Web.

231 Dans des abréviations de la correspondance d'affaires

N/Référence : Facture n° 1229
V/Référence : 185-44-AB

Dans *Le français au bureau*, il est écrit : « Les références servent à faciliter le classement et la consultation du courrier, mais elles ne sont pas essentielles pour tous les types de lettres. Il s'agit généralement d'un groupe de lettres et de chiffres. La mention **Votre référence**, qu'on abrège en **V/Référence, V/Réf.** ou **V/R**, est suivie du numéro ou du code de dossier attribué par le ou la destinataire. **Votre lettre du**, qu'on abrège en **V/Lettre du**, renvoie à la lettre à laquelle on répond. **Notre référence**, qu'on abrège en **N/Référence, N/Réf.** ou **N/R**, indique le numéro que l'expéditeur ou l'expéditrice a attribué au dossier […]. »

Remarques

1. Quand on confie à un tiers le soin de remettre une lettre à son destinataire, on écrit dans la suscription, sous le nom de ce dernier, la mention *Aux bons soins de…* ou *Aux soins de…*, souvent abrégée en *a/s de…* Mais cette pratique, réservée à la correspondance privée, n'a presque plus cours.

2. Autres abréviations utilisant la barre oblique dans la correspondance d'affaires : *B/* (*billet à ordre*), *B/B* (*billet de banque*), *l/cr* (*lettre de crédit*), *n/c* (*notre compte*), *o/* (*ordre de*), *v/c* (*votre compte*).

232 Pour séparer les initiales d'identification

NG/bt

Dans *Le français au bureau*, il est écrit que les initiales d'identification « permettent, si on le juge utile, de savoir qui a rédigé et qui a tapé la lettre. Elles se mettent à gauche au bas de la page, sur la ligne où on inscrit le nom du ou de la signataire. Comme il s'agit de codes, elles ne comportent ni espaces, ni points, ni traits d'union, même dans le cas de prénoms ou de patronymes composés. Les initiales de la personne qui a rédigé la lettre, qui est généralement aussi le ou la signataire, sont indiquées par convention en lettres majuscules et, pour faciliter le repérage, celles du ou de la secrétaire sont écrites en lettres minuscules; les groupes d'initiales sont séparés par un trait oblique ».

233 Pour indiquer qu'il faut tourner une page

.../...

Pour indiquer qu'il faut tourner une page, on met dans son coin inférieur droit deux séries de points de suspension de part et d'autre d'une barre oblique.

Remarque

Nombreux sont ceux qui préfèrent mettre, en romain maigre, ...2 (...3, ...4, etc.); et si le document dont il s'agit ne court que sur les deux pages d'une même feuille, ... *verso,* ou *TSVP* (« Tournez, s'il vous plaît ») — également en romain maigre.

234 Pour préciser l'ordre des pages

3/7

Pour préciser l'ordre des pages de certains documents, on inscrit deux nombres dans le coin inférieur droit de chacune d'entre elles, de part et d'autre d'une barre oblique.

Remarque

Certains préfèrent écrire *3 de 7.* Également en romain maigre.

235 Pour renseigner sur le tirage d'une gravure

Le lit 2/5   Dumouchel 1969

Sous une gravure, juste après le titre, si l'artiste a écrit *2/5*, c'est qu'il s'agit de la deuxième épreuve d'un tirage qui en compte cinq.

236 Règle typographique

Si l'on note de la poésie « au long », la barre oblique est précédée et suivie d'une espace sécable *.

Quand elle relie simplement deux termes, elle est collée aux deux — sauf si l'un de ces termes est composé de plusieurs mots : *proofreading / correction d'épreuves.*

Chapitre 13
L'astérisque

237 Un appel de note

Jöns Jacob Berzelius * découvrit le **sélénium** ** et le **thorium** ***.

Surtout dans les travaux scientifiques, où les chiffres arabes supérieurs risqueraient d'être confondus avec des exposants, l'astérisque renvoie, au bas de la page, à une note de l'auteur [1].

Remarques

1. Cette note est parfois ce que l'on appelle une « référence en bas de page » (voir § 70, rem.).

2. Les autres appels de note possibles, tels que suggérés par le *Dictionnaire des règles typographiques,* et surtout s'il y a de nombreuses notes, sont des chiffres supérieurs sans parenthèses [6], des chiffres supérieurs entre parenthèses [(6)], des chiffres du corps du texte entre parenthèses (**6**), des minuscules supérieures sans parenthèses [a], des minuscules supérieures entre parenthèses [(a)], des minuscules en italique entre parenthèses (*a*).

3. Aurel Ramat écrit : « L'appel de note se place toujours avant la ponctuation, qu'il se rapporte au mot qui précède ou à la phrase. Le point abréviatif reste toujours collé à l'abréviation […]. L'appel de note est détaché du mot qui le précède par une espace fine si le logiciel le permet, sinon il est collé au mot. »

---

1. Il est écrit, dans le *Lexique des règles typographiques en usage à l'Imprimerie nationale* : « C'est sans doute le plus esthétique des appels de note quand il est simple ou double, mais on ne peut l'utiliser au-delà du triple dans une page. »

238 Un renvoi à une entrée

Pour bien virguler cette phrase, il faut repérer le **foyer d'information** ✶.

Dans un dictionnaire, un lexique, une grammaire…, l'astérisque renvoie à une entrée.

239 L'astérisque et le souci de discrétion

À propos d'espionnage industriel, j'ai parlé à Hubert C✶✶✶.

L'astérisque (simple, double ou — habituellement — triple) permet une louable discrétion.

Remarque

L'emploi de l'initiale est facultatif. Et d'aucuns aiment que chaque astérisque compte pour une syllabe (par exemple, *Catherine Beaudin* devient *Catherine B✶✶*).

240 Avant un énoncé asyntaxique

✶À Trois-Pistoles Anne-Marie est allée de Québec.

Dans une grammaire, on indique qu'un énoncé est asyntaxique en le faisant précéder d'un astérisque.

241 Avant un *h* aspiré

✶HERNIE n.f. (lat. *hernia*)

Dans *Le Petit Larousse,* par exemple, l'astérisque placé avant un mot commençant par un *h* indique que ce *h* est aspiré.

242 Règle typographique

Avant l'astérisque : quand l'astérisque est un appel de note (en romain maigre), il est sage de ne laisser aucune espace — du moins jusqu'au jour béni où les logiciels de traitement de texte nous permettront d'utiliser enfin ce que les typographes appellent une espace « fine * ».

Cela dit, si deux ou trois astérisques se suivent (comme dans *Hubert C****), aucune espace ne se glisse entre eux.

Après : une espace sécable * — sauf si l'astérisque précède, dans un dictionnaire, un mot commençant par un *h* aspiré, ou dans une grammaire, un énoncé asyntaxique.

Bibliographie

L'art de conjuguer : dictionnaire de 12 000 verbes, nouv. éd., Montréal, Hurtubise HMH, 1998, [s. p.] (Collection Bescherelle).

Lexique des règles typographiques en usage à l'Imprimerie nationale, 3ᵉ éd., Paris, Imprimerie nationale, 1993, 197 p.

BUREAU DE LA TRADUCTION. *Le guide du rédacteur,* 2ᵉ éd., Ottawa, Travaux publics et Services gouvernementaux Canada, 2000, 319 p.

CATACH, Nina. *La ponctuation,* Paris, Presses universitaires de France, 1994, 127 p. (Collection Que sais-je?).

CHARTRAND, Suzanne-G., et autres. *Grammaire pédagogique du français d'aujourd'hui,* Montréal, Graficor, 1999, 397 p.

COLIGNON, Jean-Pierre. *Un point, c'est tout! : La ponctuation efficace,* Montréal, Les Éditions du Boréal, 1993, 119 p.

DOPPAGNE, Albert. *La bonne ponctuation : clarté, précision, efficacité de vos phrases,* 2ᵉ éd. revue, Paris, Duculot, 1993, 112 p. (Collection L'esprit des mots).

DRILLON, Jacques. *Traité de la ponctuation française,* Paris, Gallimard, 1991, 472 p.

GENEVAY, Éric. *Ouvrir la grammaire,* Montréal, Chenelière/L.E.P., 1999, 274 p.

GREVISSE, Maurice. *Le bon usage : grammaire française,* 13ᵉ éd. rev. et ref. par André Goosse, Paris–Louvain-la-Neuve, Éditions Duculot, 1993, 1762 p.

GUÉRY, Louis. *Dictionnaire des règles typographiques,* Paris, CFPJ, 2000, 283 p.

GUILLOTON, Noëlle, et Hélène CAJOLET-LAGANIÈRE. *Le français au bureau,* 5ᵉ éd., Office de la langue française, Sainte-Foy, Les Publications du Québec, 2000, 503 p.

HANSE, Joseph. *Nouveau dictionnaire des difficultés du français moderne,* 3ᵉ éd. établie d'après les notes de l'auteur avec la collaboration scientifique de Daniel Blampain, Paris-Gembloux, Éditions Duculot, 1994, 983 p.

JACQUENOD, Raymond. *La ponctuation maîtrisée,* Paris, Marabout, 1993, 317 p.

MALO, Marie. *Guide de la communication écrite,* Montréal, Québec Amérique, 1996, 322 p.

PÉCHOIN, Daniel, et Bernard DAUPHIN. *Dictionnaire des difficultés du français d'aujourd'hui,* Paris, Larousse-Bordas, 1998, 659 p. (Collection Expression).

POPIN, Jacques. *La ponctuation,* Paris, Nathan-Université, 1998, 127 p. (Collection Linguistique).

RAMAT, Aurel. *Le Ramat de la typographie,* 5e éd., Saint-Lambert, Aurel Ramat éditeur, 2000, 224 p.

THOMAS, Adolphe. *Dictionnaire des difficultés de la langue française,* Paris, Larousse, 1993, 435 p.

VILLERS, Marie-Éva de. *Multidictionnaire de la langue française,* 3e éd., Montréal, Québec Amérique, 1997, 1533 p.

Index

Les numéros renvoient non aux pages mais aux différents paragraphes.
Les numéros des paragraphes les plus importants sont en caractères gras.

N. B. — Les appellations sont tantôt celles de la grammaire traditionnelle tantôt celles des grammaires nouvelles.